Descobrir Jogos Online Grátis

Disponível Aqui:

BestActivityBooks.com/FREEGAMES

5 DICAS PARA COMEÇAR

1) CÓMO RESOLVER LAS SOPA DE LETRAS

Os puzzles têm um formato clássico:

- As palavras estão escondidas sem espaços ou hífenes,...
- Orientação: As palavras podem ser escritas para a frente, para trás, para cima, para baixo ou na diagonal (podem ser invertidas).
- As palavras podem sobrepor-se ou intersectar-se.

2) APRENDIZAGEM ACTIVA

Ao lado de cada palavra há um espaço para anotar a tradução. Para encorajar a aprendizagem activa, um **DICIONÁRIO** no final desta edição permitir-lhe-á verificar e expandir os seus conhecimentos. Procure e anote as traduções, encontre-as no puzzle e adicione-as ao seu vocabulário!

3) MARCAR AS PALAVRAS

Pode inventar o seu próprio sistema de marcação - talvez já use um? Pode também, por exemplo, marcar palavras difíceis de encontrar com uma cruz, palavras favoritas com uma estrela, palavras novas com um triângulo, palavras raras com um diamante, e assim por diante.

4) ESTRUTURANDO A APRENDIZAGEM

Esta edição oferece um **CADERNO DE NOTAS** prático no final do livro. Nas férias, em viagem ou em casa, pode facilmente organizar os seus novos conhecimentos sem a necessidade de um segundo caderno!

5) JÁ TERMINOU TODAS AS GRELHAS?

Nas últimas páginas deste livro, na secção **DESAFIO FINAL**, encontrará um jogo gratuito!

Rápido e fácil! Consulte a nossa colecção de livros de actividades para o seu próximo momento de diversão e **aprendizagem**, a apenas um clique de distância!

Encontre o seu próximo desafio em:

BestActivityBooks.com/MeuProximoLivro

Aos vossos lugares, preparem-se...Vão!

Sabia que existem cerca de 7.000 línguas diferentes no mundo? As palavras são preciosas.

Adoramos línguas e temos trabalhado arduamente para criar livros da mais alta qualidade para si. Os nossos ingredientes?

Uma selecção de tópicos adequados à aprendizagem, três boas porções de entretenimento, e depois acrescentamos uma colherada de palavras difíceis e uma pitada de palavras raras. Servimo-los com amor e máximo divertimento, para que possa resolver os melhores jogos de palavras e se divirta a aprender!

A sua opinião é essencial. Pode participar activamente no sucesso deste livro, deixando-nos um comentário. Gostaríamos de saber o que mais lhe agradou nesta edição.

Aqui está um link rápido para a sua página de encomendas:

BestBooksActivity.com/Avaliacoes50

Obrigado pela vossa ajuda e divirtam-se!

A Equipa Inteira

1 - Dirigindo

```
M F F S T R A D A U T O P P
P R O G C I N C I D E N T E E
F R E N I C K A B Q G Q R D
U Z E L M I U P G Z D N I O
A M O T O Z G R O K H S C N
T X M Z U M A B E L Z E O A
T R A S P O R T O Z I P L L
E T L P H T A R G E Z Z O E
N U I G B O G A S Z W A I G
Z N C O M R E F S Y E J G A
I N E A H E N F Q U O E D S
O E N B J E U I D T P K J N
N L Z E H C Y C C A M I O N
E M A P P A K O S Y A N C H
```

INCIDENTE
CAMION
AUTO
ATTENZIONE
STRADA
FRENI
GARAGE
GAS
LICENZA
MAPPA

MOTO
MOTORE
PEDONALE
PERICOLO
POLIZIA
SICUREZZA
TRASPORTO
TRAFFICO
TUNNEL

2 - Atividades

```
E  S  C  U  R  S  I  O  N  I  C  G  A  T
G  K  Q  O  P  L  P  N  X  O  L  I  R  T
I  N  L  A  R  T  I  G  I  A  N  A  T  O
P  N  A  Z  D  Q  A  X  Z  P  P  R  E  T
M  E  T  K  J  I  C  I  G  F  I  D  C  E
A  T  S  E  N  T  E  Z  I  O  T  I  E  M
G  J  Z  C  R  I  R  F  O  T  T  N  R  P
I  K  L  F  A  E  E  D  C  O  U  A  A  O
A  I  E  S  W  C  S  A  H  G  R  G  M  L
A  B  I  L  I  T  À  S  I  R  A  G  I  I
B  F  X  D  C  A  C  C  I  A  U  I  C  B
S  A  T  T  I  V  I  T  À  F  I  O  A  E
L  K  A  C  Y  E  H  B  K  I  E  K  R  R
Q  C  X  L  E  T  T  U  R  A  O  E  S  O
```

ARTE
ARTIGIANATO
ATTIVITÀ
CACCIA
ESCURSIONI
CERAMICA
FOTOGRAFIA
ABILITÀ
INTERESSI

GIARDINAGGIO
GIOCHI
TEMPO LIBERO
LETTURA
MAGIA
PESCA
PITTURA
PIACERE

3 - Churrascos

```
P O M O D O R I C F Y S Z E
G J U O E Q Q E E S T A T E
R S S A L S A B N T U G Z K
I A I E P J G F A M E N L V
G L C I N S A L A T E P X E
L E A I U J K L Q I C R C R
I Y G Q J B P Y L G A A O D
A S Q N C R A O P A L N L U
I P E P E P I M L J D Z T R
R N G I O C H I B L O O E E
S I V O D O P R N I O J L R
H W D I F W K O L C N Q L R
A F R U T T A D U G E I I C
T E K Y D O F A M I G L I A
```

PRANZO	GIOCHI
INVITO	VERDURE
BAMBINI	SALSA
COLTELLI	MUSICA
FAMIGLIA	PEPE
FAME	CALDO
POLLO	SALE
FRUTTA	INSALATE
GRIGLIA	POMODORI
CENA	ESTATE

4 - Pesca

```
P  J  B  P  E  S  O  K  L  C  E  S  T  O
A  T  T  R  E  Z  Z  A  T  U  R  A  G  E
Z  G  X  U  A  J  M  E  L  N  T  K  A  U
I  C  U  C  I  N  A  R  E  A  A  U  N  S
E  P  I  N  N  E  C  J  R  I  G  N  C  P
N  A  Y  M  J  E  A  H  I  I  L  O  I  I
Z  E  Z  A  T  K  L  F  I  U  M  E  O  A
A  Y  U  S  A  C  Q  U  A  E  Q  K  H  G
P  T  R  C  C  G  R  U  F  I  L  O  F  G
W  L  R  E  B  A  R  C  A  K  E  Y  W  I
J  G  C  L  F  I  P  E  M  B  P  S  L  A
U  M  H  L  S  T  A  G  I  O  N  E  C  S
Q  E  S  A  G  E  R  A  Z  I  O  N  E  A
W  I  X  T  C  A  A  Y  O  C  E  A  N  O
```

ACQUA	ESCA
PINNE	LAGO
BARCA	MASCELLA
BRANCHIE	OCEANO
CESTO	PAZIENZA
CUCINARE	PESO
ATTREZZATURA	SPIAGGIA
ESAGERAZIONE	FIUME
FILO	STAGIONE
GANCIO	

5 - Geologia

```
C G Q S T R A T O I S Q X T
O C V U L C A N O N T X P E
N R Z P A L T O P I A N O R
T I Z I T R L A V A L C Q R
I S O E K G Z G J C A A F E
N T N T X Y N O Z I T L O M
E A A R S A L E R D T C S O
N L G A Y U C X Y O I I S T
T L E R O S I O N E T O I O
E I M I N E R A L I E Q L E
M S U N C A V E R N A H E L
J R A Q S T A L A G M I T I
Y P A K U L A N A L D N T M
N R W C C O R A L L O H W I
```

ACIDO	FOSSILE
STRATO	LAVA
CAVERNA	MINERALI
CALCIO	PIETRA
CONTINENTE	ALTOPIANO
CORALLO	QUARZO
CRISTALLI	SALE
EROSIONE	TERREMOTO
STALATTITE	VULCANO
STALAGMITI	ZONA

6 - Tempo

```
M  I  N  U  T  O  G  C  R  H  N  S  O  D
P  O  I  D  Z  T  I  K  R  R  P  E  R  E
R  P  M  B  A  P  O  A  N  N  O  T  O  C
I  A  C  E  N  F  R  O  G  G  I  T  L  E
M  S  A  S  N  U  N  I  E  R  I  I  O  N
A  S  L  E  U  T  O  W  X  D  X  M  G  N
S  A  E  C  A  U  O  Q  W  X  Y  A  I  I
I  T  N  O  L  R  N  P  E  T  S  N  O  O
I  O  D  L  E  O  X  I  W  M  F  A  O  D
O  Q  A  O  M  A  T  T  I  N  A  U  R  G
R  Q  R  G  A  E  Z  Y  B  R  O  B  A  B
E  T  I  M  E  A  S  E  L  D  W  T  Y  E
L  L  O  J  Z  G  P  E  S  N  L  D  T  S
M  E  Z  Z  O  G  I  O  R  N  O  M  G  E
```

ANNO	MEZZOGIORNO
PRIMA	MESE
ANNUALE	MINUTO
CALENDARIO	MOMENTO
DECENNIO	NOTTE
GIORNO	IERI
FUTURO	PASSATO
OGGI	OROLOGIO
ORA	SETTIMANA
MATTINA	SECOLO

7 - Astronomia

```
Y L Q J R L H X U T C A R E
W C G Q S A N F L E O S A C
G C R J J S Z B F R S T D L
P I A N E T A Z Z R M E I I
N E V U Q R S I O A O R A S
E L I N U O L O J G P O Z S
B O T I I N G S L M U I I I
U M À V N O I L F A H D O G
L T W E O M K J T Q R E N G
O D S R Z O L L F O G E E R
S F Y S I S U P E R N O V A
A L R O O E N M E T E O R A
A S T R O N A U T A F W E R
C O S T E L L A Z I O N E E
```

ASTEROIDE	LUNA
ASTRONAUTA	METEORA
ASTRONOMO	NEBULOSA
CIELO	PIANETA
COSTELLAZIONE	RADIAZIONE
COSMO	SOLARE
ECLISSI	SUPERNOVA
EQUINOZIO	TERRA
RAZZO	UNIVERSO
GRAVITÀ	

8 - Circo

```
J C C O S T U M E L P R M X
G A T Z O P R R B M A Z A S
I R R P J T E N D A R E G A
O A U W M W C T N G A P I N
C M C D A B Y L T O T A A I
O E C K F K Y A O A A L S M
L L O I Q N L Q U W T L A A
I L M S C I M M I A N O C L
E A Y U T I G R E J A N R I
R R S E S K O I D G L C O E
E B I G L I E T T O E I B M
I F K Z T A C R L H O N A K
H S T H G K E A F I N I T C
E L E F A N T E G A E O A G
```

ACROBATA	MAGIA
ANIMALI	GIOCOLIERE
PALLONCINI	MAGO
BIGLIETTO	MUSICA
PARATA	CLOWN
CARAMELLA	TENDA
ELEFANTE	TIGRE
SPETTATORE	COSTUME
LEONE	TRUCCO
SCIMMIA	

9 - Acampamento

```
A U Y Z P D C G S E J C T I
T D Q X S N A T U R A O E N
T J K C W B C C C R L R N S
R T G A W A C A B A P D D E
E M Z P L W I N W H B A A T
Z A D P U B A O U F I I B T
Z P Q E N Q E A W O J X N O
A P T L A I R R Z R T Z L A
T A S L Q A C Q I E R D A U
U F U O C O Q W T S U X G B
R A N I M A L I W T T G O S
A V V E N T U R A A U C X K
C H B U S S O L A A M A C A
B K G X O M O N T A G N A O
```

ANIMALI
AVVENTURA
ALBERI
BUSSOLA
CABINA
CACCIA
CANOA
CAPPELLO
CORDA
ATTREZZATURA

FORESTA
FUOCO
INSETTO
LAGO
LUNA
AMACA
MAPPA
MONTAGNA
NATURA
TENDA

10 - Emoções

```
I  F  B  O  N  P  A  C  E  F  F  W  G  S
T  M  H  E  P  M  J  M  N  E  Q  W  E  I
E  I  B  M  A  O  R  Z  O  T  N  N  N  M
Q  M  S  A  U  T  W  H  I  R  J  H  T  P
Z  R  Z  C  R  U  I  U  A  B  E  C  I  A
L  K  A  U  A  A  Z  T  G  X  A  O  L  T
R  A  B  B  I  A  Z  E  U  Y  P  N  E  I
T  E  N  E  R  E  Z  Z  A  D  Q  T  Z  A
F  F  G  R  A  T  O  T  A  R  I  E  Z  K
S  O  D  D  I  S  F  A  T  T  O  N  A  D
E  C  C  I  T  A  T  O  K  R  O  U  E  N
R  I  L  A  S  S  A  T  O  P  P  T  K  R
C  A  L  M  A  R  G  I  O  I  A  O  W  J
T  R  A  N  Q  U  I  L  L  I  T  À  O  F
```

GIOIA	PAURA
AMORE	PACE
ECCITATO	RABBIA
BEATITUDINE	RILASSATO
GENTILEZZA	SODDISFATTO
CALMA	SIMPATIA
CONTENUTO	TENEREZZA
IMBARAZZATO	NOIA
GRATO	TRANQUILLITÀ

11 - Ficção Científica

```
M C P E S P L O S I O N E R
E I K W N I U R U P Y O F E
S N S Z C J G A L A S S I A
T E A T O M I C O S F T L L
R M A F E G M O H L A E L I
E A Q D U R W L Y I N C U S
M I N L F O I O R B T N S T
O J C S P B C O I R A O I I
P I A N E T A O S I S L O C
M D I S T O P I A O T O N O
R O R O B O T O O Y I G E N
U Q N U T O P I A R C I Z B
B X F D R H Q M I P O A S J
P Q Y W O U Y G D F F S F T
```

ATOMICO

CINEMA

DISTOPIA

ESPLOSIONE

ESTREMO

FANTASTICO

FUOCO

GALASSIA

ILLUSIONE

LIBRI

MISTERIOSO

MONDO

ORACOLO

PIANETA

REALISTICO

ROBOT

TECNOLOGIA

UTOPIA

12 - Mitologia

```
C U L T U R A G E L O S I A
O C R E A T U R A Q F Q E T
M O Y T I W I E R T U O N O
P A E I M M O R T A L I T À
O M R U N X C O M Q M D L E
R Z O C U O U I A L I I A M
T L E R H G I N G W N S B V
A E Z M T E U A I R E A I E
M G U W Z A T F C I P S R N
E G Q P P S L I O D J T I D
N E M P I Z C E P R W R N E
T N M O S T R O Z O Z O T T
O D C R E A Z I O N E A O T
F A G U E R R I E R O J O A
```

ARCHETIPO	EROE
GELOSIA	IMMORTALITÀ
COMPORTAMENTO	LABIRINTO
CREAZIONE	LEGGENDA
CREATURA	MAGICO
CULTURA	MOSTRO
DISASTRO	MORTALE
FORZA	FULMINE
GUERRIERO	TUONO
EROINA	VENDETTA

13 - Medições

```
J E M P L M V D R M D A N W
X G I O I A O W A K E L D P
E B N L T S L W P Q L T R B
F K U L R S U K R Q U E R T
C D T I O A M P O G N Z X O
L E O C Y G E Z F L G Z A N
Y C N E M H R G O B H A G C
U I X T E U S A N H E O R I
B M Y L I Z K D N Z Y A A A
M A B Y L M P H I O Z O M G
C L I R N L E D T K A H M T
H E L P G D S T À Z C P O M
H G C H I L O G R A M M O O
L A R G H E Z Z A O B Y T E
```

ALTEZZA
BYTE
CENTIMETRO
LUNGHEZZA
DECIMALE
GRAMMO
GRADO
LARGHEZZA
LITRO

MASSA
METRO
MINUTO
ONCIA
PESO
POLLICE
PROFONDITÀ
CHILOGRAMMO
VOLUME

14 - Plantas

```
A A D F I O R E C G F G G M
S L B I A C A C T U S I F U
Y T B R C G D P M R R A E S
K B O E M B I F D T X R R C
Y J R L R T C O L E P D T H
B A C C A O E G L K W I I I
B C E S P U G L I O J N L O
M O X L A D A I H U F O I G
P E T A L O A A H C O Q Z F
Z C H A T C F M G W R I Z L
N Y S M N E T E E D E R A O
B A M B Ù I L F R M S G N R
F O G L I A C P B Z T P T A
D R J K M I Y A A B A X E E
```

CESPUGLIO	FLORA
ALBERO	FORESTA
BACCA	FOGLIA
BAMBÙ	FOGLIAME
BOTANICA	EDERA
CACTUS	GIARDINO
ERBA	MUSCHIO
FAGIOLO	PETALO
FERTILIZZANTE	RADICE
FIORE	

15 - Veículos

```
E  C  R  W  P  E  S  C  A  R  A  V  A  N
B  A  A  T  N  L  O  I  H  Q  T  G  U  A
C  M  Z  R  E  I  T  A  X  I  M  B  L  S
A  B  Z  A  U  C  T  A  U  T  O  B  U  S
M  U  O  T  M  O  O  Z  A  T  T  E  R  A
I  L  T  T  A  T  M  N  B  E  O  J  I  O
O  A  F  O  T  T  A  D  A  Y  R  R  S  L
N  N  J  R  I  E  R  H  R  V  E  E  C  F
I  Z  R  E  C  R  I  Q  C  L  E  P  O  L
S  A  Y  F  I  O  N  W  A  S  B  T  O  L
T  P  F  Y  K  F  O  U  P  U  R  O  T  X
B  I  C  I  C  L  E  T  T  A  M  Y  E  A
T  R  A  G  H  E  T  T  O  Y  A  H  R  F
M  E  T  R  O  P  O  L  I  T  A  N  A  N
```

AMBULANZA	ZATTERA
AEREO	SCOOTER
TRAGHETTO	METROPOLITANA
BARCA	MOTORE
BICICLETTA	AUTOBUS
CAMION	PNEUMATICI
CARAVAN	SOTTOMARINO
AUTO	TAXI
RAZZO	NAVETTA
ELICOTTERO	TRATTORE

16 - Restaurante # 2

```
Z X Z H M S A F Z S F D D D
B C B G H I A C C I O C T E
C A M E R I E R E E R U A L
N C E A V C L N D N C C A I
Z E I W O A E T C S H C C Z
F R U T T A N N R E E H Q I
V E R D U R E D A D T I U O
U O V A L P Q L A I T A A S
P E S C E P R P I A A I F O
S P E Z I E G A Y A B O H A
I N S A L A T A N S A L E B
A P E R I T I V O Z U E I O
M I N E S T R A J T O R T A
S P F T N Q M J O Y K C Z N
```

PRANZO	CAMERIERE
APERITIVO	FORCHETTA
ACQUA	GHIACCIO
BEVANDA	CENA
TORTA	VERDURE
SEDIA	UOVA
CUCCHIAIO	PESCE
DELIZIOSO	SALE
SPEZIE	INSALATA
FRUTTA	MINESTRA

17 - Países #2

```
P O X D Q F W W K W C C L I
D A N I M A R C A G B D I N
I S K T M Z J B N R F C B D
L E G I A P P O N E X C A O
S A M E S S I C O C G P N N
I F O B Y T U H C I F Y O E
R R U S S I A C H A I T I S
I A B H N L N N R G R U S I
A N Y P T I G E Q A X G D A
J C F S G N S P B G I A I U
J I R L A N D A L B A N I A
F A T S O M A L I A I D A D
N I G E R I A A Q H R A W U
G I A M A I C A J T N O K Y
```

ALBANIA
DANIMARCA
FRANCIA
GRECIA
HAITI
INDONESIA
IRLANDA
GIAMAICA
GIAPPONE
LAOS

LIBANO
MESSICO
NEPAL
NIGERIA
PAKISTAN
RUSSIA
SIRIA
SOMALIA
UCRAINA
UGANDA

18 - Cozinha

```
M T A Z Z E C C X Y M R S K
H O U M A N G I A R E I P X
U V C I O T O L A Z S C U G
C A M N X Z B N X F T E G R
O G W Q E P C X X E O T N I
L L K O G E O W E P L T A G
T I J F B R O C C A O A J L
E O C O N G E L A T O R E I
L L G R E M B I U L E P S A
L O S N B O L L I T O R E X
I V D O F O R C H E T T E T
D R A S P E Z I E N P J K I
M C W S F B A C C H E T T E
U Q Y A O C U C C H I A I W
```

GREMBIULE
BOLLITORE
CUCCHIAI
MANGIARE
MESTOLO
TAZZE
SPEZIE
SPUGNA
COLTELLI
FORNO

CONGELATORE
FORCHETTE
GRIGLIA
TOVAGLIOLO
VASO
BROCCA
BACCHETTE
RICETTA
CIOTOLA

19 - Brinquedos

```
B I A B S K G G D K A A B P
P I M A R G I L L A E Q A R
C P C M L I B R I G R U M E
Z R K I A A U T O E E I B F
P T U L C G E L S R O L O E
P A L L A L I Z Q U N O L R
Z A Z H A F E N B B R N A I
S U M U V E Q T A A P E S T
B A T T E R I A T Z R J X O
E D U N R O B O T A I C H C
T A M S N G I O C H I O A C
M A R T I G I A N A T O N O
R U I G C A M I O N M H H E
E B U N I S C A C C H I J D
```

ARGILLA   AUTO
ARTIGIANATO   PREFERITO
AEREO   IMMAGINAZIONE
BARCA   GIOCHI
BATTERIA   LIBRI
BICICLETTA   AQUILONE
PALLA   ROBOT
BAMBOLA   VERNICI
CAMION   SCACCHI

20 - Verão

```
G R A F K M O S O I I F T S
I I T M A R E P M O H A E T
O L O Y I N C I W J L M M E
C A L I E C L A K Y I I P L
H S W S A N I G S O B G O L
I S W O D G O G B A R L L E
S A N D A L I I M A I I I V
H M U S I C A A D E N A B I
A E I M M E R S I O N E E A
E N A H T F N E Y Q K F R G
H T R W F J Y C M N X R O G
W O S F J N M S G X B E N I
W C A M P E G G I O N P K O
P C M L A D G I A R D I N O
```

CAMPEGGIO   LIBRI
GIOIA   MARE
AMICI   IMMERSIONE
CASA   MUSICA
STELLE   SPIAGGIA
FAMIGLIA   RILASSAMENTO
GIARDINO   SANDALI
GIOCHI   VIAGGIO
TEMPO LIBERO

21 - Material de Arte

```
A O C R E A T I V I T À F X
A L I N H X T C M A T I T E
A I N F L L T J Z C A R H O
T O C G A C Q U E R E L L I
E I H F O V E R N I C I A A
L O I X F M J Q E L Z T C R
E T O A U W M K M I N M Q G
C L S G W U O A P C F A U I
A C T S S P A Z Z O L E A L
M A R C E I C A R B O N E L
E R O O U D C O L O R I J A
R T N L Y Z I T A V O L O Z
A A N L M P P A S T E L L I
N W P A C A V A L L E T T O
```

ACRILICO	COLORI
GOMMA	CREATIVITÀ
ACQUERELLI	SPAZZOLE
ARGILLA	MATITE
ACQUA	TAVOLO
SEDIA	OLIO
CARBONE	CARTA
CAVALLETTO	PASTELLI
TELECAMERA	INCHIOSTRO
COLLA	VERNICI

22 - Números

```
S G Q Q D I E C I W N D R T
E E Q U I N D I C I H E O B
T U I A C O I N D A A C X W
T U I T I R C Q C X S I G M
E Y M T O M I U U Y F M E Q
L Y J O T Z A E B P P A Q X
G L Q R T R S N O V E L U M
D U E D O R S O X E D E A G
M N N I H D E Z T V E N T I
D O J C B O T H F T Z P T Y
Q L Q I N D T R I I O G R O
S E D I C I E Z E R O E O L
T R E D I C I Y Z X R U Y A
T Q U R B I O H N Q P W X Q
```

CINQUE   QUATTORDICI
DECIMALE   QUATTRO
DIECI   QUINDICI
SEDICI   SEI
DICIASSETTE   SETTE
DICIOTTO   TREDICI
DUE   TRE
DODICI   UNO
NOVE   VENTI
OTTO   ZERO

23 - Especiarias

```
S C W L E V Y S H T W C B O
A A I I K A Z O P L S U M S
L N M Q B N E K U A M M A S
E N I U F I N O C C H I O C
G E Y I A G Z D S Q D N A U
F L D R L L E A O L O O M R
C L M I N I R Z C L H K A R
I A G Z U A O G L I C I R Y
P A S I W Y S G F M D E O A
O G Z A F F E R A N O O P Q
L L C A R D A M O M O T E X
L I A N I C E A D F I J P F
A O C O R I A N D O L O E C
G D U A I X R B P G U S T O
```

ZAFFERANO
LIQUIRIZIA
AGLIO
AMARO
ANICE
ACIDO
VANIGLIA
CANNELLA
CARDAMOMO
CURRY

CIPOLLA
CORIANDOLO
CUMINO
DOLCE
FINOCCHIO
ZENZERO
PEPE
GUSTO
SALE

24 - Aniversário

```
R  G  I  O  V  A  N  E  N  A  T  O  E  R
T  E  G  I  O  I  O  S  O  U  C  S  R  I
D  O  G  C  A  N  D  E  L  E  E  M  Z  Y
Y  X  R  A  S  Z  A  G  J  B  L  W  H  U
K  X  D  T  L  B  K  A  I  T  E  M  P  O
J  O  T  C  A  O  P  C  C  O  B  I  S  J
C  A  N  Z  O  N  E  Q  A  C  R  I  S  N
K  A  F  E  L  I  C  E  R  G  A  N  N  O
M  X  B  C  A  Q  N  D  T  A  Z  V  O  G
S  P  E  C  I  A  L  E  E  M  I  I  X  O
D  C  A  L  E  N  D  A  R  I  O  T  L  N
S  A  G  G  E  Z  Z  A  X  C  N  I  Q  B
O  N  P  C  O  J  B  B  A  I  E  K  I  D
C  S  F  P  E  R  I  M  P  A  R  A  R  E
```

GIOIOSO	GIORNO
AMICI	REGALO
ANNO	SPECIALE
PER IMPARARE	FELICE
TORTA	GIOVANE
CALENDARIO	NATO
CANZONE	SAGGEZZA
CARTE	TEMPO
CELEBRAZIONE	CANDELE
INVITI	

25 - Casa

```
C A M I N O I U T O P G U S
T E N D E A T T I C O Z T B
B I B L I O T E C A R O A G
S C O U S O F F I T T O P G
P A R E T E R A S Y A Z P S
E C U C I N A E U C Q R E G
M O B I L I O H C F O X T I
L E I T B G L P H I K P O A
S I N Z B D W H I N N O A R
S P E C C H I O A E T T O D
D H T N O C Q U V S D A O I
G D T N B U J L I T M G N N
A A O X O C A M E R A O B O
D O C C I A S F G A R A G E
```

BIBLIOTECA	CAMINO
RECINTO	MOBILIO
CHIAVI	PARETE
DOCCIA	PORTA
TENDE	CAMERA
CUCINA	ATTICO
SPECCHIO	TAPPETO
GARAGE	SOFFITTO
FINESTRA	RUBINETTO
GIARDINO	SCOPA

26 - Vegetais

```
R A V A N E L L O N E G P Z
B G O D P R E Z Z E M O L O
I L J Z U C C A B N P N O E
M I I N S A L A T A A Z Z C
H O U Q C R R B X A T T F I
M Z L D A C C R T L A A U P
N E D I L I A O A S T O N O
F N L L O O R C C P A P G L
P Z F A G F O C T I A I O L
S E D A N O T O U N X S R A
Q R L K O Z A L R A S E P F
W O Z R B N A O T C N L E M
A P G T T E M N G I I L D F
C E T R I O L O A T E O J D
```

ZUCCA   FUNGO
SEDANO   PISELLO
CARCIOFO   SPINACI
AGLIO   ZENZERO
PATATA   RAPA
MELANZANA   CETRIOLO
BROCCOLO   RAVANELLO
CIPOLLA   INSALATA
CAROTA   PREZZEMOLO
SCALOGNO

27 - Exploração

```
S  S  P  E  R  I  M  P  A  R  A  R  E  S
N  O  Y  S  C  O  P  E  R  T  A  R  X  C
Y  G  D  A  A  N  I  M  A  L  I  S  U  O
M  K  C  U  L  T  U  R  E  R  Y  E  N  N
O  L  J  R  S  E  L  V  A  G  G  I  O  O
E  C  C  I  T  A  Z  I  O  N  E  U  M  S
L  R  W  M  C  C  O  R  A  G  G  I  O  C
I  I  T  E  R  R  E  N  O  Y  N  E  S  I
N  C  P  N  P  E  R  I  C  O  L  I  J  U
G  E  B  T  U  V  I  A  G  G  I  O  S  T
U  R  E  O  N  O  M  D  S  P  A  Z  I  O
A  C  A  T  T  I  V  I  T  À  L  B  D  K
W  A  M  S  G  R  N  O  R  F  T  S  E  F
Y  F  Q  N  L  P  W  W  S  O  T  X  K  I
```

ANIMALI	ESAURIMENTO
PER IMPARARE	ECCITAZIONE
ATTIVITÀ	LINGUA
RICERCA	NUOVO
CORAGGIO	PERICOLI
CULTURE	SELVAGGIO
SCOPERTA	TERRENO
SCONOSCIUTO	VIAGGIO
SPAZIO	

28 - Balé

```
J T A P P L A U S O I R C T
R G H T U A K S T I L E O E
A B I L I T À I S I O Q R C
B A L L E R I N A O N T E N
I N T E N S I T À J L X O I
C O M P O S I T O R E O G C
E S P R E S S I V O G L R A
P U B B L I C O B S R M A P
A R T I S T I C O W A U F R
N E O F T K K C P T Z S I A
N M C V B I I R Z N I I A T
N G N Z A R I T M O O C Q I
R Y E G E S T O P L S A Y C
O R C H E S T R A B O T M A
```

APPLAUSO

ARTISTICO

BALLERINA

COMPOSITORE

COREOGRAFIA

PROVA

STILE

ESPRESSIVO

GESTO

GRAZIOSO

ABILITÀ

INTENSITÀ

MUSICA

ORCHESTRA

PRATICA

PUBBLICO

RITMO

ASSOLO

TECNICA

29 - Conservação

```
A R A M B I E N T A L E S N
R F I P E S T I C I D A O A
H G S C I C L O Q W O L S T
E A H I I A G M G R Y O T U
C E B R T C R I D U R R E R
O D X I M Q L H C K O T N A
S U R B T U U A R X R I I L
I C W J M A E Q R E G N B E
S A L U T E T E B E A A I E
T Z T I R Y N A B Q N M L Y
E I Q W M A U N E W I E E M
M O M G W A S D I S C A T N
A N U V E R D E Q C O G X Y
S E I N Q U I N A M E N T O
```

AMBIENTALE
ACQUA
CICLO
CLIMA
ECOSISTEMA
EDUCAZIONE
HABITAT
NATURALE

ORGANICO
PESTICIDA
INQUINAMENTO
RICICLARE
RIDURRE
SALUTE
SOSTENIBILE
VERDE

30 - Adjetivos #1

```
I  O  G  D  Y  L  E  N  T  O  G  H  P  I
A  M  J  Q  Z  P  E  S  A  N  T  E  U  D
S  T  P  R  M  M  P  L  O  J  G  D  U  E
S  G  E  O  H  J  C  R  T  T  R  G  N
O  R  R  S  R  A  D  J  I  G  I  K  H  T
L  A  F  C  A  T  B  E  L  R  U  C  H  I
U  V  E  U  O  T  A  Z  R  A  T  D  O  C
T  E  T  R  Y  R  O  N  U  N  T  H  O  O
O  R  T  O  W  A  Y  L  T  D  O  T  W  O
E  N  O  R  M  E  Z  L  O  E  H  C  M  N
X  Y  G  Z  S  N  S  O  T  T  I  L  E  E
A  R  O  M  A  T  I  C  O  C  Y  U  O  S
Q  Z  H  C  G  E  N  E  R  O  S  O  M  T
A  R  T  I  S  T  I  C  O  E  A  B  G  O
```

ASSOLUTO	GRANDE
AROMATICO	ONESTO
ARTISTICO	IDENTICO
ATTRAENTE	IMPORTANTE
ENORME	LENTO
SCURO	MODERNO
ESOTICO	PERFETTO
SOTTILE	PESANTE
GENEROSO	GRAVE

31 - Insetos

```
F E W N P R C I V E R M E M
F M S M W T E K Y R T A M X
T F C I C A L A P Y F N L Q
F E A F I D E P O L C T R W
A V R R Z A N Z A R A I I C
L E A M F P U L C E V D L O
E S F B I A A P E F A E A L
N P A D Y T L H M Y L R R E
A A G L I B E L L U L A V O
G G G P F N Z K A G E O A T
T R I W F U O S R P T Q G T
C F O R M I C A F H T F K E
I C O C C I N E L L A L M R
Z R P B Z U X D W I O W I O
```

APE   LARVA
SCARAFAGGIO   LIBELLULA
COLEOTTERO   MANTIDE
FARFALLA   FALENA
CICALA   VERME
TERMITE   ZANZARA
FORMICA   PULCE
CAVALLETTA   AFIDE
COCCINELLA   VESPA

32 - Paisagens

```
F H F C U U W Y C Z W B E C
B E U J B U M V U L C A N O
K M C Z I R W O C E A N O L
F I U M E H O S N X U J R L
G O L F O W L P E T V I M I
R H O A S I L I X U A J P N
O D I S O L A A D N L G E A
T H E A Z P G G H D L C N P
T T O S C Z O G D R E I I A
A D Z F E C E I P A U I S L
J F U T U R I A A L M F O U
H C A S C A T A F F A L L D
I C E B E R G O I M R L A E
X T C M U Q X W O O E H I K
```

CASCATA	MONTAGNA
GROTTA	OASI
COLLINA	OCEANO
DESERTO	PALUDE
GHIACCIAIO	PENISOLA
GOLFO	SPIAGGIA
ICEBERG	FIUME
ISOLA	TUNDRA
LAGO	VALLE
MARE	VULCANO

33 - Dança

```
E A M M U S I C A R T E C J
T M P C J A L B I F E C U A
I R O M C L A S S I C O L C
W I A Z I T U X G E I R T Z
F T Y D I O M Z Q R G P U C
S M G G I O I O S O A O R O
G O B G W Z N T S O X Z A M
V I S I V O I E C W S H I P
P R O V A I P O S T U R A A
E B M O V I M E N T O Q B G
A C C A D E M I A A A U Q N
E S P R E S S I V O L E P O
C O R E O G R A F I A E M F
E D R F C U L T U R A L E A
```

ACCADEMIA	ESPRESSIVO
GIOIOSO	GRAZIA
ARTE	MOVIMENTO
CLASSICO	MUSICA
COREOGRAFIA	COMPAGNO
CORPO	POSTURA
CULTURA	RITMO
CULTURALE	SALTO
EMOZIONE	TRADIZIONALE
PROVA	VISIVO

34 - Nutrição

```
B  D  Y  A  C  X  X  U  X  W  A  N  C  F
I  O  O  S  A  L  S  A  Y  C  P  U  O  E
L  G  X  Y  L  I  B  V  Q  Z  P  T  M  R
A  M  A  R  O  Q  F  I  Y  T  E  R  M  M
N  G  B  P  R  U  U  T  L  O  T  I  E  E
C  P  U  E  I  I  I  A  F  S  I  E  S  N
I  R  M  S  E  D  R  M  L  S  T  N  T  T
A  O  Q  O  T  I  P  I  G  I  O  T  I  A
T  T  P  H  X  O  G  N  N  N  T  E  B  Z
O  E  G  D  I  E  T  A  C  A  G  À  I  I
D  I  G  E  S  T  I  O  N  E  F  E  L  O
H  N  L  W  A  Q  H  F  O  F  F  X  E  N
S  E  Y  E  N  T  S  A  L  U  T  E  X  E
C  A  R  B  O  I  D  R  A  T  I  X  I  F
```

AMARO	SALSA
APPETITO	NUTRIENTE
CALORIE	PESO
CARBOIDRATI	PROTEINE
COMMESTIBILE	QUALITÀ
DIETA	GUSTO
DIGESTIONE	SANO
BILANCIATO	SALUTE
FERMENTAZIONE	TOSSINA
LIQUIDI	VITAMINA

35 - Disciplinas Científicas

```
L  B  P  B  I  O  L  O  G  I  A  L  E  N
I  I  S  O  C  I  O  L  O  G  I  A  R  E
N  O  I  M  M  U  N  O  L  O  G  I  A  U
G  C  C  F  A  P  C  P  S  U  R  S  W  R
U  H  O  I  S  J  K  H  R  K  G  Z  D  O
I  I  L  S  T  D  S  A  I  Q  M  W  C  L
S  M  O  I  R  Y  A  N  D  M  T  R  N  O
T  I  G  O  O  K  Z  A  U  S  I  P  L  G
I  C  I  L  N  B  O  T  A  N  I  C  A  I
C  A  A  O  O  E  C  O  L  O  G  I  A  A
A  W  J  G  M  O  L  M  K  O  B  O  P  C
F  Z  G  I  I  L  E  I  U  J  W  W  R  Z
C  L  P  A  A  J  Z  A  E  Q  F  Z  A  P
C  G  E  O  L  O  G  I  A  R  G  F  M  I
```

ANATOMIA	GEOLOGIA
ASTRONOMIA	IMMUNOLOGIA
BIOLOGIA	LINGUISTICA
BIOCHIMICA	NEUROLOGIA
BOTANICA	PSICOLOGIA
ECOLOGIA	CHIMICA
FISIOLOGIA	SOCIOLOGIA

36 - Meditação

```
L  S  F  G  G  M  Y  P  G  B  J  K  P  N
U  S  B  J  G  E  P  R  R  W  R  E  O  A
T  G  K  E  J  N  N  O  A  Q  M  K  S  T
L  Q  M  E  N  T  C  T  T  R  E  H  T  U
A  C  O  M  P  A  S  S  I  O  N  E  U  R
T  H  V  U  D  L  K  U  T  L  T  M  R  A
T  I  I  S  S  E  B  H  U  I  E  O  A  J
E  A  M  I  F  Y  E  S  D  J  H  Z  H  B
N  R  E  C  P  E  N  S  I  E  R  I  Z  B
Z  E  N  A  O  T  W  U  N  U  G  O  T  A
I  Z  T  Q  Q  R  E  P  E  B  S  N  P  N
O  Z  O  R  I  F  R  B  A  N  U  I  H  W
N  A  S  V  E  G  L  I  O  C  H  A  R  L
E  B  I  N  S  E  G  N  A  M  E  N  T  I
```

SVEGLIO	MENTALE
ATTENZIONE	MENTE
GENTILEZZA	MOVIMENTO
CHIAREZZA	MUSICA
COMPASSIONE	NATURA
EMOZIONI	PACE
INSEGNAMENTI	PENSIERI
GRATITUDINE	POSTURA

37 - Gatos

```
F  Z  A  M  P  A  T  G  F  D  O  L  W  D
I  W  M  R  M  Y  N  N  Q  O  T  O  P  O
N  Q  X  Q  T  M  W  F  S  R  I  S  N  S
D  G  L  W  M  I  E  M  H  M  M  B  C  E
I  L  O  T  R  C  G  W  Y  I  I  U  U  L
P  A  Z  Z  O  O  C  L  H  R  D  T  R  V
E  G  J  D  P  D  N  I  I  E  O  I  I  A
N  I  A  N  K  A  F  Z  P  O  U  D  O  G
D  O  C  A  C  C  I  A  T  O  R  E  S  G
E  C  P  P  E  L  L  I  C  C  I  A  O  I
N  O  P  E  R  S  O  N  A  L  I  T  À  O
T  S  Z  D  I  V  E  R  T  E  N  T  E  Y
E  O  Z  X  Z  F  E  K  S  L  N  I  R  D
W  Q  E  T  O  B  X  T  M  Y  R  Y  M  X
```

GIOCOSO	INDIPENDENTE
CACCIATORE	PAZZO
CODA	TOPO
CURIOSO	ZAMPA
DORMIRE	PELLICCIA
DIVERTENTE	PERSONALITÀ
FILO	SELVAGGIO
ARTIGLIO	TIMIDO

38 - Artes Visuais

```
A G C F E P S C U L T U R A R
R D R G Q I I S E O U C I R R
C U E E U Q C T W R F A T T T
H P A S W J E A T D A P R I I
I R T S C J R M W U A O A S S
T O I O Q Z A P A K R L T T T
E S V F I L M I I L G A T A A
T P I P W Q I N U C I V O U U
T E T M E P C O E C L O B R R
U T À T A N A H R S L R P U U
R T D Z O D N W O N A O O E E
A I J X C A V A L L E T T O O
M V C O M P O S I Z I O N E E
M A T I T A V E R N I C E G G
```

ARGILLA
ARCHITETTURA
ARTISTA
PENNA
CAVALLETTO
CERA
CERAMICA
COMPOSIZIONE
CREATIVITÀ
SCULTURA

STAMPINO
FILM
GESSO
MATITA
CAPOLAVORO
PROSPETTIVA
PITTURA
RITRATTO
VERNICE

39 - Instrumentos Musicais

```
A T R O M B A P N U U C Q S
R A W Z M K T I X B M H P A
M M M K U F Y A R P A I E S
O B N E Z O V N S O N T R S
N U S B K K I O R Z D A C O
I R Y P E Y O F Q N O R U F
C O F C E X L O M J L R S O
A Z H A W H I R F U I A S N
C I C F G B N T S M N S I O
B A N J O O O E F O O T O I
F L A U T O T R O M B O N E
M A R I M B A T B Y C M E C
U Q K H X E R G O N G D Z T
E D T A M B U R E L L O A B
```

MANDOLINO	TAMBURELLO
BANJO	PERCUSSIONE
FAGOTTO	PIANOFORTE
FLAUTO	SASSOFONO
ARMONICA	TAMBURO
GONG	TROMBONE
ARPA	TROMBA
MARIMBA	CHITARRA
OBOE	VIOLINO

40 - Escola #1

```
L I B R I F N J D B S O N M
H N M L Z C I I O P O X U A
F S H T B I Z E Z E X M M T
C E Z W S P Z S A R I L E I
A G M A T E M A T I C A R T
R N P P M N D M A M I C I A
T A R F A N L I M P Y A R K
A N A W R E F Y A A I R D F
N T N J C E K T Z R J T K B
Q E Z L A J A L F A B E T O
Y U O P T J S T R R C L C O
T Q I O O H M L Z E Q L H E
K W W Z R J N L E C N E D N
H Z O F I S C R I V A N I A
```

ALFABETO
PRANZO
AMICI
PER IMPARARE
SEDIA
PENNE
ESAMI
MATITA
LIBRI

MARCATORI
MATEMATICA
SCRIVANIA
NUMERI
CARTA
CARTELLE
INSEGNANTE
QUIZ

41 - Adjetivos #2

```
R  T  T  R  E  M  Y  N  O  R  M  A  L  E
I  E  D  Y  F  A  C  A  L  D  O  E  W  L
N  D  S  Y  X  U  R  R  N  U  O  V  O  E
T  E  A  P  B  T  W  D  E  P  U  R  O  G
E  S  N  O  O  E  N  T  O  A  L  I  O  A
R  C  O  R  S  N  S  J  S  T  T  E  S  N
E  R  A  G  A  T  S  I  B  F  A  I  A  T
S  I  S  O  L  I  Y  A  H  E  U  T  V  E
S  T  C  G  A  C  H  X  B  F  F  E  O  O
A  T  I  L  T  O  F  L  D  I  T  P  H  G
N  I  U  I  O  F  O  R  T  E  L  G  J  E
T  V  T  O  F  A  M  O  S  O  R  E  J  D
E  O  T  S  P  R  O  D  U  T  T  I  V  O
J  G  O  O  N  A  T  U  R  A  L  E  J  L
```

AUTENTICO	NUOVO
CREATIVO	ORGOGLIOSO
DESCRITTIVO	PRODUTTIVO
DOTATO	PURO
ELEGANTE	CALDO
FAMOSO	RESPONSABILE
FORTE	SALATO
INTERESSANTE	SANO
NATURALE	ASCIUTTO
NORMALE	

42 - Roupas

```
C  S  C  J  W  Q  G  G  Y  A  Y  P  G  R
O  A  A  M  E  C  D  U  P  N  K  L  O  C
L  N  M  A  A  A  G  C  A  L  Z  I  N  I
L  D  I  G  B  P  N  G  N  N  Q  X  N  N
A  A  C  L  I  P  P  S  T  Y  T  M  A  T
N  L  E  I  T  E  I  J  A  L  L  I  G  U
A  I  T  O  O  L  G  K  L  Q  Z  C  I  R
E  T  T  N  U  L  I  M  O  D  A  Q  A  A
W  H  A  E  R  O  A  P  N  E  I  Q  C  U
R  E  D  G  R  E  M  B  I  U  L  E  C  D
B  R  A  C  C  I  A  L  E  T  T  O  A  Q
C  A  M  I  C  I  A  S  C  A  R  P  A  C
C  A  P  P  O  T  T  O  E  Y  W  E  L  S
G  K  J  R  B  D  M  W  F  F  B  X  D  L
```

GREMBIULE	GUANTI
CAMICETTA	CALZINI
PANTALONI	MODA
CAMICIA	PIGIAMA
CAPPOTTO	BRACCIALETTO
CAPPELLO	GONNA
CINTURA	SANDALI
COLLANA	SCARPA
GIACCA	MAGLIONE
JEANS	ABITO

43 - Herbalismo

```
Z  Y  E  B  A  G  L  I  O  H  K  G  J  R
A  B  Z  D  R  A  G  O  N  C  E  L  L  O
F  E  W  H  O  N  I  P  P  X  T  U  N  S
F  N  G  W  M  B  A  S  I  L  I  C  O  M
E  E  W  S  A  B  R  U  N  A  T  O  R  A
R  F  X  T  T  G  D  L  G  T  N  U  I  R
A  I  W  M  I  Y  I  S  R  H  N  T  J  I
N  C  B  O  C  M  N  B  E  I  I  B  A  N
O  O  E  T  O  O  O  Z  D  G  I  F  J  O
K  F  I  N  O  C  C  H  I  O  U  N  H  F
P  P  R  F  I  O  R  E  E  E  W  S  W  P
Q  U  A  L  I  T  À  N  N  G  Z  L  T  T
L  A  V  A  N  D  A  W  T  Z  T  W  S  O
P  H  K  P  R  E  Z  Z  E  M  O  L  O  H
```

ZAFFERANO	GIARDINO
ROSMARINO	LAVANDA
AGLIO	BASILICO
AROMATICO	PIANTA
BENEFICO	QUALITÀ
DRAGONCELLO	GUSTO
FIORE	PREZZEMOLO
FINOCCHIO	TIMO
INGREDIENTE	

44 - Frutas

```
W U S L Y P D H B A N A N A
I M O R A L B I C O C C A N
K F X Y R Q Z L I R C P V E
L I M O N E U S K F I C O T
L S W R M C V Y G B L M C T
A B X I Y M A N G O I O A A
M A N A N A S S W Z E N D R
P C Q J T R T M U K G A O I
O C M M E W U M I Q I R P N
N A P A P A I A E X A A E A
E A K K R G R G W L Q N S K
N E X D O N N T Z N A C C O
K D H Q P E R A S A W I A H
N O C E D I C O C C O A O I
```

AVOCADO	KIWI
ANANAS	ARANCIA
MORA	LIMONE
BACCA	MELA
BANANA	PAPAIA
CILIEGIA	MANGO
NOCE DI COCCO	NETTARINA
ALBICOCCA	PERA
FICO	PESCA
LAMPONE	UVA

45 - Corpo Humano

```
B O C C A C A V I G L I A W
G G C T E S T A I D C X Y K
Z A M C H O N B J F O S C T
H M A A H H E S E N R C D X
A B X M D I T O C M E E Q A
A A Q O F R O N T E C R M I
C O L L O P K W R C V A E
M M E L H A P K S G H E S G
E A S W U X E Q P X I L C G
N L N O W L L N A S O L E O
T C U O R E L O L N P O L M
O P F U B H E F L W G F L I
P S A N G U E H A X G T A T
C G I N O C C H I O T P W O
```

BOCCA   OCCHIO
TESTA   SPALLA
CERVELLO   ORECCHIO
CUORE   PELLE
GOMITO   GAMBA
DITO   COLLO
GINOCCHIO   MENTO
MASCELLA   SANGUE
MANO   FRONTE
NASO   CAVIGLIA

46 - Restaurante #1

```
I N G R E D I E N T I R R C
T O V A G L I O L O N Q Z O
Z G C U C I N A C S R K B D
A J C O P I C C A N T E C E
D C S A L S A Y R F C P A S
M I K L S T X A N G A J F S
P O L L O S E M E W M F F E
J T F E W J I L H G E E È R
H O E R Z W D E L I R N N T
E L P G G K M Q R O I C R Ù
N A P I J U N J Q E E Z O K
B F A A P I A T T O R Z S F
M A N G I A R E Z H A U P L
P R E N O T A Z I O N E N N
```

ALLERGIA	INGREDIENTI
CAFFÈ	MENÙ
CASSIERE	SALSA
CARNE	PANE
MANGIARE	PICCANTE
CUCINA	PIATTO
COLTELLO	PRENOTAZIONE
POLLO	DESSERT
CAMERIERA	CIOTOLA
TOVAGLIOLO	

47 - Caminhada

```
S P R E P A R A Z I O N E X
C E M Q R Q N A T U R A N I
O R I E S T A N C O U A K A
G I M Q T C A M P E G G I O
L C O R I E N T A M E N T O
I O G S V O G Q C L I M A
E L E K A H N Z U P Q X S Q
R I U Q L G H U U I B U Z S
A W J C I M A P P A D W A O
I G S E L V A G G I O E N L
F T H A K J P A R C H I X E
I C P E S A N T E S K K O R
A N I M A L I P I E T R E O
B Z O Z M O N T A G N A N M
```

CAMPEGGIO   ORIENTAMENTO
ANIMALI   PARCHI
ACQUA   PIETRE
STIVALI   SCOGLIERA
STANCO   PERICOLI
CLIMA   PESANTE
GUIDE   PREPARAZIONE
MAPPA   SELVAGGIO
MONTAGNA   SOLE
NATURA   METEO

48 - Água

```
O N D E U J D F I T E A I J
C Y W O J R M S C T Q L Y X
E I C M C X I E M M F L R C
A R K R P C F U U O B U G A
N R X E O P I R M N E V E N
O I J M T I U A I S B I Y A
L G X V A O M G D O Q O S L
Z A H A B G E A I N U N E E
C Z G P I G E N T E G E R J
F I R O L I N O À X Z M L U
A O Q R E A G H I A C C I O
L N X E N D Y E E Y G G C I
L E J A X G C N L E M A Q D
E V A P O R A Z I O N E N Z
```

CANALE
PIOGGIA
DOCCIA
EVAPORAZIONE
URAGANO
GELO
GHIACCIO
GEYSER
ALLUVIONE
IRRIGAZIONE

LAGO
MONSONE
NEVE
OCEANO
ONDE
POTABILE
FIUME
UMIDITÀ
VAPORE

49 - Sons

```
R I P E T I T I V O S S R D
S I R E N E E E J Q F U I J
R I S O N A N T E T O S S E
D X Y O I T T J I D R V R R
Q U W T L Q H W I T T I X I
S R U M O R O S O M E B G S
U U C O N C E R T O F R E A
E M S D P X V F K W I A M T
E G G S M H O Y W J S Z I A
T C K F U B C F M H C I T J
S M O F F R I O U W H O O H
U J P I Q D R X K G I N R J
C A M P A N A O N U O E R O
A P P L A U D I R E K L S Q
```

FORTE
FISCHIO
APPLAUDIRE
CONCERTO
CORO
ECO
GEMITO
RIPETITIVO
RISONANTE

RISATA
RUMOROSO
CAMPANA
SIRENE
SUSSURRO
TOSSE
VIBRAZIONE
VOCI

50 - Ecologia

```
W V D X K N S I C C I T À I
F A U N A L A A E H N E W F
Y R S A Y C F T H H G U P G
O I D T A A L F U H W R I W
A E M U H H O I Q R R O A E
Q T I R E X R J M L A X N Q
U À S A G J A I J A H L T H
M O N T A G N E S W P Q E A
H V E G E T A Z I O N E A B
G L O B A L E K F G R X T I
D I V E R S I T À Y U S R T
I R S O S T E N I B I L E A
P A L U D E M A R I N O M T
S O P R A V V I V E N Z A W
```

CLIMA	NATURA
DIVERSITÀ	PALUDE
FAUNA	PIANTE
FLORA	RISORSE
GLOBALE	SICCITÀ
HABITAT	SOPRAVVIVENZA
MARINO	SOSTENIBILE
MONTAGNE	VARIETÀ
NATURALE	VEGETAZIONE

51 - Família

```
N B A M B I N I Y E I A P G
O I C B A M B I N O N N A Q
S T P H R D N T E Z Q G T N
F C A O H Q R I W E B K E O
C C D I T Z T E L M B T R N
C U R P N E W F C Z T N N N
I G E B M S O R E L L A O A
F I G L I A I A M O G L I E
G N Z G Y A T T O N G B U M
Y O I Z A N T E N A T O G T
N H A I E K I L R W M P J A
I G Z O G U U L D N D A E M
M A R I T O N O D P O T C H
C L I N F A N Z I A T X E Y
```

ANTENATO	MARITO
NONNA	MATERNO
BAMBINO	MADRE
BAMBINI	NIPOTE
MOGLIE	PADRE
FIGLIA	PATERNO
INFANZIA	CUGINO
SORELLA	ZIA
FRATELLO	ZIO

52 - Férias #2

```
I  H  P  Q  X  H  R  M  B  K  D  R  V  N
P  A  S  S  A  P  O  R  T  O  A  I  I  W
V  Z  I  B  L  G  M  T  A  X  I  S  A  F
I  Y  M  A  P  P  A  I  E  Y  T  T  G  A
S  U  S  N  P  P  R  A  F  L  X  O  G  E
T  G  S  T  Y  F  E  O  R  E  G  R  I  R
O  G  K  X  R  R  I  W  I  W  U  A  O  O
L  U  P  N  V  A  C  A  N  Z  A  N  G  P
T  G  Y  E  M  D  N  S  D  H  F  T  I  O
C  E  M  Q  W  E  K  I  I  P  O  E  S  R
M  O  N  T  A  G  N  E  E  C  T  B  O  T
L  C  A  D  Q  A  J  K  T  R  O  D  L  O
N  S  T  R  A  S  P  O  R  T  O  F  A  O
S  P  I  A  G  G  I  A  S  N  W  G  A  Z
```

AEROPORTO	PASSAPORTO
STRANIERO	SPIAGGIA
VACANZA	RISTORANTE
FOTO	TAXI
HOTEL	TENDA
ISOLA	TRASPORTO
MAPPA	VIAGGIO
MARE	VISTO
MONTAGNE	

53 - Edifícios

```
A L A B O R A T O R I O O F
C P E L H O T E L X B A S A
A X P F A T T O R I A M S B
S S J A I G A R A G E B E B
T T O R R E H K E D T A R R
E A J U H T N E K U E S V I
L D M H U N A I J M A C A C
L I B P D Y R M L T T I T A
O O Q R C L B Q E E R A O F
U T J D K I L O C N O T R D
S C U O L A N F B D T A I Y
D R B C M U S E O A Z O O H
O S P E D A L E M O Q A J T
S U P E R M E R C A T O B H
```

APPARTAMENTO	OSPEDALE
CASTELLO	HOTEL
FIENILE	LABORATORIO
CINEMA	MUSEO
AMBASCIATA	OSSERVATORIO
SCUOLA	SUPERMERCATO
STADIO	TEATRO
FATTORIA	TENDA
FABBRICA	TORRE
GARAGE	

54 - Praia

```
S  I  P  S  O  W  H  H  Z  S  L  O  G  X
Q  P  G  Y  M  A  R  E  B  E  A  C  R  E
P  Q  O  F  B  E  K  U  L  O  G  E  A  H
J  A  Q  U  R  O  L  Q  U  Q  U  A  N  T
O  C  M  S  E  J  F  B  O  S  N  N  C  X
S  O  L  E  L  B  A  R  C  A  A  O  H  U
W  C  R  G  L  D  S  A  B  B  I  A  I  F
Z  C  O  U  O  O  Y  D  D  B  L  Y  O  S
Q  E  H  G  U  C  K  P  R  A  E  E  D  A
C  I  H  E  L  K  D  A  Y  P  F  U  U  N
O  J  A  S  C  I  U  G  A  M  A  N  O  D
C  M  P  K  A  R  E  I  S  O  L  A  Z  A
C  O  S  T  A  H  U  R  E  U  N  C  T  L
D  O  L  B  A  R  C  A  A  V  E  L  A  I
```

SABBIA   LAGUNA
BLU   MARE
BARCA   OCEANO
GRANCHIO   SCOGLIERA
COSTA   SANDALI
DOCK   SOLE
OMBRELLO   ASCIUGAMANO
ISOLA   BARCA A VELA

55 - Ferramentas de Cozinha

```
T  O  S  T  A  P  A  N  E  C  Y  S  F  C
Z  K  P  U  W  P  C  S  S  E  A  S  O  O
E  Z  A  B  D  C  A  I  W  B  J  K  R  L
F  Z  T  E  R  M  O  M  E  T  R  O  C  T
S  B  O  L  L  I  T  O  R  E  Q  K  H  E
C  A  L  P  O  S  A  T  E  H  N  E  E  L
O  P  A  F  O  R  N  O  G  T  D  J  T  L
L  O  P  O  S  T  U  F  A  N  U  Q  T  O
I  B  G  R  A  T  T  U  G  I  A  P  A  G
N  P  L  B  C  O  P  E  R  C  H  I  O  K
O  B  Q  I  C  U  C  C  H  I  A  I  O  D
K  I  M  C  F  R  U  L  L  A  T  O  R  E
C  F  R  I  G  O  R  I  F  E  R  O  X  J
T  S  P  R  E  M  I  A  G  R  U  M  I  C
```

BOLLITORE
COLINO
CUCCHIAIO
SPATOLA
SPREMIAGRUMI
COLTELLO
STUFA
FORNO
FORCHETTA

FRIGORIFERO
FRULLATORE
GRATTUGIA
POSATE
COPERCHIO
TERMOMETRO
FORBICI
TOSTAPANE

56 - Xadrez

```
P  E  R  I  M  P  A  R  A  R  E  F  P  C
N  R  S  T  R  A  T  E  G  I  A  Y  U  A
E  E  Q  I  X  Q  U  P  U  T  L  M  N  M
R  G  A  V  V  E  R  S  A  R  I  O  T  P
O  O  A  K  S  T  G  R  G  S  D  L  I  I
Z  L  N  J  T  M  F  J  I  J  S  I  C  O
C  E  B  T  E  M  P  O  O  X  C  I  P  N
T  S  A  C  R  I  F  I  C  I  O  B  V  E
O  Z  F  D  E  A  D  Q  A  U  N  I  N  O
R  E  G  I  N  A  E  G  T  D  C  A  G  K
N  L  J  B  D  L  D  S  O  M  O  N  I  A
E  M  P  Z  I  E  X  B  R  G  R  C  O  C
O  P  D  D  Q  J  O  K  E  O  S  O  C  T
D  I  A  G  O  N  A  L  E  A  O  F  O  L
```

PER IMPARARE	PASSIVO
BIANCO	PUNTI
CAMPIONE	NERO
CONCORSO	REGINA
SFIDE	REGOLE
DIAGONALE	RE
STRATEGIA	SACRIFICIO
GIOCATORE	TEMPO
GIOCO	TORNEO
AVVERSARIO	

57 - Aventura

```
O P P O R T U N I T À U P I
N A V I G A Z I O N E T R B
M I L Q O Y C G I O I A E U
A T T I V I T À B U N F P U
G S Z X S I C U R E Z Z A I
E N T U S I A S M O S N R T
C W F O C Y S F I D E A A I
B E L L E Z Z A N Y Z T Z N
N W J F S E M M S E Y U I E
B U O K O A H I O C H R O R
I S O G S B I C L U A A N A
G M Q V I W I I I W X S E R
W S T K O Q N Y T C R E O I
D B D I F F I C O L T À S O
```

GIOIA
AMICI
ATTIVITÀ
BELLEZZA
CASO
SFIDE
DIFFICOLTÀ
ENTUSIASMO

INSOLITO
ITINERARIO
NATURA
NAVIGAZIONE
NUOVO
OPPORTUNITÀ
PREPARAZIONE
SICUREZZA

58 - Floresta Tropical

```
B S E I N D I G E N O T K R
O I N S E T T I S U H T I I
T C O M U N I T À V B D X F
A L D P M Y K O B O Y T S U
N N L T G A Z K C L I M A G
I Y F Z Q B M S P E C I E I
C H K I F D U M F R O J M O
O Z K H B Q S G I U N G L A
R A W Y R I C L U F F I I C
N A T U R A H U C C E L L I
D I V E R S I T À P I R M B
O B J D M A O Y A U W N I D
L S O P R A V V I V E N Z A
R I S P E T T O U D N P W Z
```

ANFIBI
BOTANICO
CLIMA
COMUNITÀ
DIVERSITÀ
SPECIE
INDIGENO
INSETTI
MAMMIFERI

MUSCHIO
NATURA
NUVOLE
UCCELLI
RIFUGIO
RISPETTO
GIUNGLA
SOPRAVVIVENZA

59 - Cidade

```
R P N F B P J J R S M U M I
I A L T I A D N Z A E J U A
S N I M H O N P C L R D S G
T E B I P M R C P O C I E A
O T R S E T Q I A N A Z O L
R T E N D N E S S E T O P L
A E R O P O R T O T O O C E
N R I R S I F A U C A A C R
T I A L P C U D K I N D H I
E A C C B F U I C N J K O A
O Q B I B L I O T E C A T W
P C C L G J U Z L M C M E E
T E A T R O D U I A X S L C
F A R M A C I A N H A Z N U
```

AEROPORTO
BANCA
BIBLIOTECA
CINEMA
SCUOLA
STADIO
FARMACIA
FIORISTA
GALLERIA

HOTEL
ZOO
LIBRERIA
MERCATO
MUSEO
PANETTERIA
RISTORANTE
SALONE
TEATRO

60 - Matemática

```
E Q U A Z I O N E N P A A P
D E C I M A L E F U O N R A
R A G G I O W L R M L G I R
S I M M E T R I A E I O T A
I O O A L W I K Z R G L M L
C S M Y B C Z C I I O I E L
D I A M E T R O O Q N G T E
K I D L A E W J N Q O C I L
O W E P E R I M E T R O C O
E S P O N E N T E K H M A S
C I R C O N F E R E N Z A O
G E O M E T R I A U S E S S
Q U A D R A T O V O L U M E
T R I A N G O L O L P O E G
```

ARITMETICA
ANGOLI
CIRCONFERENZA
DECIMALE
DIAMETRO
EQUAZIONE
ESPONENTE
FRAZIONE
GEOMETRIA
NUMERI

PARALLELO
PERIMETRO
POLIGONO
QUADRATO
RAGGIO
SIMMETRIA
SOMMA
TRIANGOLO
VOLUME

61 - Natureza

```
F M U Z S D R I F U G I O P
I O C O X E R O S I O N E W
U N R F K S L N U V O L E G
M T B E T E H V F X G T S B
E A R E S R B K A R H R H E
S G A S H T G O R G U O G L
A N K J K O A T T G P I L
N E B B I A N G I Q X I D E
T S A T M Y I Z C T F C O Z
U E L B N U M A O W J A U Z
A R E Y H I A B P P J L L A
R E C A Q R L K J I K E P E
I N N R G H I A C C I A I O
O O F O G L I A M E P F G N
```

API   GHIACCIAIO
RIFUGIO   MONTAGNE
ANIMALI   NEBBIA
ARTICO   NUVOLE
BELLEZZA   FIUME
DESERTO   SANTUARIO
EROSIONE   SELVAGGIO
FORESTA   SERENO
FOGLIAME   TROPICALE

62 - Preencher

```
N E G Q P B O R S A E H T P
C B I Q S A R G G C N B J N
X A X F F C C A R T E L L A
N R S N C I R C G F F F J B
N I N S X N M C H A Y L M O
K L J A E O K R V E U F H T
C E S T O T A X A A T E X T
N A V E R U T L L Y U T D I
C P B V A S S O I O B N O G
T G M Y W X N W G E O J F L
W A U A I B S A I L V H J I
B Y S C A T O L A B A N D A
T S E C C H I O P J S E Z B
E L R R A B U S T A O X Q N
```

BACINO	CASSETTO
SECCHIO	VALIGIA
VASSOIO	NAVE
BARILE	PACCHETTO
TASCA	CARTELLA
SCATOLA	BORSA
CESTO	TUBO
BUSTA	VASO
BOTTIGLIA	

63 - Animais de Estimação

```
G F U P C L G L B C G C Q X
Z A C Q U A M U C C A O Y H
N R T J C T K C B F W N C H
B T C T C K P E S C E I O K
C I P D I Y C R P A P G D S
I G C T O N U T O P O L A C
E L Q O L F O O A R K I W O
X I P B O A J L A A Q O F L
C R I C E T O A I C F A D L
T A R T A R U G A N U M Z A
S N N P A P P A G A L L O R
K U E E G D G T U R D K L E
M H Q C Q S R T P X X M N C
N O I D P H F O X M S W O S
```

ACQUA	GATTO
CAPRA	CRICETO
CUCCIOLO	LUCERTOLA
CODA	TOPO
CANE	PAPPAGALLO
CONIGLIO	PESCE
COLLARE	TARTARUGA
ARTIGLI	MUCCA
GATTINO	

64 - Escalada

```
N  X  G  P  B  O  F  F  A  Z  L  M  A  A
S  T  R  E  T  T  O  I  N  X  R  A  L  T
F  S  Q  H  S  T  O  N  S  T  H  P  T  M
I  D  T  D  K  C  S  K  C  I  J  P  I  O
D  T  G  I  D  K  U  O  G  G  C  A  T  S
E  P  X  T  V  E  K  R  Z  M  A  O  U  F
G  U  I  D  E  A  U  Z  S  H  S  C  D  E
G  U  A  N  T  I  L  D  O  I  C  X  I  R
T  E  R  R  E  N  O  I  S  G  O  Y  N  A
E  S  P  E  R  T  O  B  H  R  F  N  E  A
S  T  A  B  I  L  I  T  À  O  O  A  I  U
X  A  J  R  H  H  J  J  W  T  R  H  T  D
C  U  R  I  O  S  I  T  À  T  Z  I  J  F
A  T  H  S  L  Y  T  P  N  A  A  E  F  X
```

ALTITUDINE	STABILITÀ
ATMOSFERA	STRETTO
STIVALI	FISICO
ESCURSIONI	FORZA
CASCO	GUIDE
GROTTA	GUANTI
CURIOSITÀ	MAPPA
SFIDE	TERRENO
ESPERTO	

65 - Aviões

```
E  O  A  L  T  I  T  U  D  I  N  E  T  Q
C  Q  A  T  T  E  R  R  A  G  G  I  O  A
G  P  U  J  H  L  C  Q  P  U  I  D  F  D
Z  A  R  I  A  W  W  D  I  S  C  E  S  A
G  L  S  D  P  C  I  E  L  O  O  O  W  F
O  L  T  R  A  A  T  M  O  S  F  E  R  A
N  O  O  O  S  R  G  E  T  N  G  F  D  V
F  N  R  G  S  B  W  G  A  A  T  K  I  V
I  C  I  E  E  U  S  I  Q  L  C  U  E
A  I  A  N  G  R  F  D  I  O  I  C  L  N
R  N  D  O  G  A  L  T  E  Z  Z  A  H  T
E  O  N  B  E  N  O  D  E  S  I  N  R  U
G  J  J  J  R  T  D  C  H  N  T  C  S  R
N  W  X  I  O  E  M  O  T  O  R  E  R  A
```

ALTITUDINE	DISCESA
ALTEZZA	IDROGENO
ARIA	STORIA
ATTERRAGGIO	GONFIARE
ATMOSFERA	MOTORE
AVVENTURA	PASSEGGERO
PALLONCINO	PILOTA
CIELO	EQUIPAGGIO
CARBURANTE	

66 - Tipos de Cabelo

```
O  C  S  C  L  R  Y  B  U  D  B  S  D  X
O  O  L  A  U  M  I  E  D  H  I  P  G  Y
J  L  H  L  N  L  U  C  I  D  O  E  A  H
C  O  Q  V  G  O  R  B  C  Y  N  S  Y  I
H  R  N  O  O  N  A  I  X  I  D  S  D  N
S  A  D  T  K  D  R  A  C  N  O  O  W  T
T  T  H  R  Z  U  G  N  S  C  I  R  H  R
S  O  T  T  I  L  E  C  M  T  I  E  F  E
I  K  D  J  K  A  N  O  A  R  K  O  X  C
N  Q  X  T  F  T  T  Y  R  E  G  C  L  C
E  L  A  C  E  O  O  J  R  C  A  G  K  I
R  G  R  I  G  I  O  N  O  C  O  X  S  A
O  M  O  R  B  I  D  O  N  E  S  J  Z  T
A  S  C  I  U  T  T  O  E  M  T  Q  W  O
```

BIANCO	LUNGO
LUCIDO	MARRONE
RICCIOLI	ONDULATO
CALVO	ARGENTO
GRIGIO	NERO
COLORATO	SANO
RICCIO	ASCIUTTO
SOTTILE	MORBIDO
SPESSORE	INTRECCIATO
BIONDO	TRECCE

67 - Formas

```
L M M Y J D M K P P C U B O
A A R C O P U J P R I S M A
T R I A N G O L O T L X I C
O W D A O P T I O C I I T O
U I P E R B O L E O N Z T V
J K L I N E A L C N D F Z A
N C K Q X Z I K I O R P X L
S K R O Y L E A N G O L O E
W F S R E T T A N G O L O L
G C E R C H I O C J B N W L
T P I R A M I D E U X F O I
H X Q U A D R A T O R J B S
Z R T X M U B E P C A V Y S
Z X P Z B B F A F J E X A E
```

ARCO
ANGOLO
CILINDRO
CERCHIO
CONO
CUBO
CURVA
ELLISSE
SFERA
IPERBOLE

LATO
LINEA
OVALE
PIRAMIDE
POLIGONO
PRISMA
QUADRATO
RETTANGOLO
TRIANGOLO

68 - Dias e Meses

```
S  G  G  G  S  E  T  T  I  M  A  N  A  V
E  Z  E  S  I  B  E  U  C  A  P  D  T  E
T  K  T  N  S  O  I  Q  I  R  R  O  K  N
T  P  L  O  N  B  V  O  B  T  I  M  C  E
E  C  U  V  Z  A  E  E  I  E  L  E  Q  R
M  A  N  E  R  W  I  Z  D  D  E  N  X  D
B  L  E  M  D  D  J  O  A  Ì  U  I  O  Ì
R  E  D  B  T  I  G  G  Y  S  J  C  S  W
E  N  Ì  R  T  C  W  I  S  A  B  A  T  O
Z  D  N  E  J  E  L  U  G  L  I  O  I  Y
T  A  Z  K  W  M  A  G  O  S  T  O  C  D
E  R  N  P  A  B  N  N  M  E  S  E  H  O
E  I  C  N  E  R  D  O  T  T  O  B  R  E
C  O  T  Y  O  E  F  E  B  B  R  A  I  O
```

APRILE	MESE
AGOSTO	NOVEMBRE
ANNO	OTTOBRE
CALENDARIO	GIOVEDÌ
DICEMBRE	SABATO
DOMENICA	LUNEDÌ
FEBBRAIO	SETTIMANA
GENNAIO	SETTEMBRE
LUGLIO	VENERDÌ
GIUGNO	MARTEDÌ

69 - Geografia

```
Y  S  S  D  N  I  M  G  D  E  X  G  B  A
N  W  F  S  O  K  A  O  C  G  E  Y  H  L
R  P  I  Y  R  Y  R  D  N  F  S  R  Z  Z
P  U  S  L  D  C  E  N  G  T  I  C  W  R
C  O  N  T  I  N  E  N  T  E  A  U  U  S
M  V  A  T  S  M  X  K  C  R  T  G  M  M
T  E  E  M  O  N  D  O  T  E  L  E  N  E
E  S  R  C  L  I  P  C  S  G  A  M  O  A
A  T  N  I  A  U  B  E  U  I  N  I  E  Y
E  D  M  T  D  G  P  A  D  O  T  S  P  I
U  J  A  T  C  I  Y  N  E  N  E  F  A  F
F  P  T  À  B  A  A  O  J  E  L  E  E  M
M  A  P  P  A  L  P  N  M  R  L  R  S  E
K  N  X  L  P  I  B  O  O  L  X  O  E  X
```

ATLANTE	MONDO
CITTÀ	NORD
CONTINENTE	OCEANO
EMISFERO	OVEST
ISOLA	PAESE
MAPPA	REGIONE
MARE	FIUME
MERIDIANO	SUD
MONTAGNA	

70 - Antártica

```
R F X I L S A R R G G C A W
O B I S S I T P I E H O M M
C A A O C N D E C O I N B I
C I G L I M K N E G A T I N
I A H E E L O I R R C I E E
O Q I E N N L S C A C N N R
S P A E T L E O A F I E T A
O F C G I A M L T I A N E L
P D C L F T F A O A I T R I
O R I S I H A K R O D E Y S
B R O B C H T G E A C Q U A
E I S W O P I N G U I N I R
C O N S E R V A Z I O N E I
S P E D I Z I O N E K G T C
```

AMBIENTE
ACQUA
BAIA
BALENE
SCIENTIFICO
CONSERVAZIONE
CONTINENTE
SPEDIZIONE
GHIACCIAI

GHIACCIO
GEOGRAFIA
ISOLE
RICERCATORE
MINERALI
PENISOLA
PINGUINI
ROCCIOSO

71 - Flores

```
O R C H I D E A N G E N C O
M A G N O L I A T I I I A K
T U L I P A N O H F T D L F
Q E I X B K F D I A Y I E P
G M H K P E O N I A M B N A
E A X G L A V A N D A N D P
L Z R Q U S G I W A R A U A
S Z X D M L I L L A G R L V
O O O G E R G U H U H C A E
M T R G R N L F X M E I R R
I J C K I B I S C O R S Q O
N P E T A L O A H B I O C N
O T R I F O G L I O T N S W
G I R A S O L E Z E A R Q A
```

MAZZO	MARGHERITA
CALENDULA	NARCISO
GARDENIA	ORCHIDEA
GIRASOLE	PAPAVERO
IBISCO	PEONIA
GELSOMINO	PETALO
LAVANDA	PLUMERIA
LILLA	ROSA
GIGLIO	TRIFOGLIO
MAGNOLIA	TULIPANO

72 - Fazenda #1

```
A I W I C A V A L L O M M N
G Z I C A M P O O X F I U Z
R I U A V I T E L L O E C D
I U N P O L L O C C P L C J
C K R R I S O J A G W E A X
O M G A H K Y C N L Q U K U
L A A A S I N O E B K K A F
T C D I T Q X R S N O W A I
U Q B Y A T G V G R E G G E
R U W R P L O O U F L R G N
A A K A E K E R E C I N T O
U M Y Y C U L Y B X N H G X
E W R O Q C J D Y I B W T P
F E R T I L I Z Z A N T E O
```

APE   RECINTO
AGRICOLTURA   CORVO
RISO   FIENO
ACQUA   FERTILIZZANTE
VITELLO   POLLO
ASINO   GATTO
CAPRA   MIELE
CAMPO   MAIALE
CAVALLO   GREGGE
CANE   MUCCA

73 - Livros

```
S D U R T R A G I C O B A F
T U A U T O R E G I B B O O
O A V V E N T U R A U Z D N
R L Z Q X E A L E T T O R E
I I R O M A N Z O A R P B H
C T L I C O L L E Z I O N E
O À S G L A Z H R S S E A P
Q D J C M E R G T C E S R I
Z R M M D G V A F R R I R C
S T O R I A F A T I I A A O
X L K I B Y C O N T E S T O
P A G I N A N T H T E E O G
I N V E N T I V O O E R R H
L E T T E R A R I O C S E P
```

AUTORE
AVVENTURA
COLLEZIONE
CONTESTO
DUALITÀ
SCRITTO
EPICO
STORIA
STORICO
INVENTIVO

LETTORE
LETTERARIO
NARRATORE
PAGINA
CARATTERE
POESIA
RILEVANTE
ROMANZO
SERIE
TRAGICO

74 - Chocolate

```
G G Q A N O P A C M A Q I A
E U D U O D O M A A R U N N
B S L K C O L A R N T A G T
D T O Q E L V R A G I L R I
E O G T D C E O M I G I E O
L P W I I E R W E A I T D S
I E U R C C E L L R A À I S
Z B N I O E O T L E N J E I
I Z U C C H E R O A A F N D
O Z B E C G T D K N L U T A
S M E T O A R O M A E S E N
O R J T M A C A L O R I E T
J N R A C A R A C H I D I E
P R E F E R I T O R S E L H
```

ZUCCHERO
AMARO
ARACHIDI
ANTIOSSIDANTE
AROMA
ARTIGIANALE
CACAO
CALORIE
CARAMELLO
NOCE DI COCCO

MANGIARE
DELIZIOSO
DOLCE
ESOTICO
PREFERITO
GUSTO
INGREDIENTE
POLVERE
QUALITÀ
RICETTA

75 - Profissões #2

```
A  I  W  Y  R  C  D  P  W  P  T  Q  B  A
Z  O  O  L  O  G  O  E  U  I  A  T  I  E
G  I  N  S  E  G  N  A  N  T  E  M  B  G
I  N  G  E  G  N  E  R  E  T  Q  Q  L  I
A  C  H  I  R  U  R  G  O  O  I  W  I  O
R  I  C  E  R  C  A  T  O  R  E  S  O  R
D  C  D  F  H  X  B  Y  U  E  M  I  T  N
I  T  Q  X  I  J  P  I  L  O  T  A  E  A
N  D  N  M  L  L  S  D  O  F  J  Q  C  L
I  N  V  E  N  T  O  R  E  L  Q  S  A  I
E  O  B  D  R  E  A  S  J  F  O  N  R  S
R  Q  L  I  T  M  A  T  O  R  E  G  I  T
E  I  P  C  P  T  C  A  P  F  P  Z  O  A
P  S  F  O  T  O  G  R  A  F  O  L  B  R
```

BIBLIOTECARIO	RICERCATORE
BIOLOGO	GIARDINIERE
CHIRURGO	GIORNALISTA
DENTISTA	MEDICO
INGEGNERE	PILOTA
FILOSOFO	PITTORE
FOTOGRAFO	INSEGNANTE
INVENTORE	ZOOLOGO

76 - Fazenda #2

```
M A T U R O B P A B V T D E
A Z G R A N O H N L E R X N
I Y P N S U Z P I P R A T O
S U A X E P Y L M T D T G F
J L L N P L U M A X U T E R
P E C O R A L Y L P R O O U
F G O G F M E O I I A R F T
I R R I G A Z I O N E E I T
O T U S L B Z A L A T T E E
O E R T O R Z O U K A G N T
M L K K T A L V E A R E I O
A P E M P A S T O R E P L T
A N A T R A Q J N M Y G E B
A G R I C O L T O R E I Q F
```

AGRICOLTORE	MATURO
ANIMALI	MAIS
FIENILE	PECORA
ORZO	PASTORE
ALVEARE	ANATRA
AGNELLO	FRUTTETO
FRUTTA	PRATO
IRRIGAZIONE	TRATTORE
LATTE	GRANO
LAMA	VERDURA

77 - Jardim

```
P I D S T R A M P O L I N O
G A W M A E R B A A I U P B
A S N J Y F R U T T E T O I
R U K C B U Y R A L B E R O
A O C A A Z F S A K K A T R
G L E F E S O W F Z M W I A
E O W B J G T A X J Z P C S
P R A T O I M A J H W A O T
T U B O J A G F G V I T E R
T Q K N E R E C I N T O N E
C C Z B F D W Y E P O F F L
U Q D Y F I O R E A C T T L
A M A C A N H T N L K O I O
W X C J Z O B O D A S Z B K
```

RASTRELLO
ALBERO
PANCA
RECINTO
FIORE
GARAGE
ERBA
PRATO
GIARDINO
STAGNO

AMACA
TUBO
PALA
FRUTTETO
SUOLO
TERRAZZA
TRAMPOLINO
PORTICO
VITE

78 - Oceano

```
P M G Y Q S O K P E U C U G
O T A U S R C P W E I F Y R
L O A R E K A O G D S E Y A
P N N T E K Z I G G M C I N
O N G C T E R Q A L G H E C
S O U D E L F I N O I M O H
T B I O M S Q U A L O E C I
S A L E P B X Z Y E Z D R O
P R L Y E T A R T A R U G A
U C A M S Y O C M K E S Q X
G A B H T B A L E N A A T G
N A F S A O S T R I C A X L
A G A M B E R E T T O D L W
G N B J S C O R A L L O I T
```

ALGHE	MAREE
TONNO	MEDUSA
BALENA	OSTRICA
BARCA	PESCE
GAMBERETTO	POLPO
GRANCHIO	SCOGLIERA
CORALLO	SALE
ANGUILLA	TARTARUGA
SPUGNA	TEMPESTA
DELFINO	SQUALO

79 - Profissões #1

```
I  Q  J  L  A  V  V  O  C  A  T  O  K  K
N  A  S  T  R  O  N  O  M  O  A  Z  T  X
F  M  I  P  C  A  R  T  O  G  R  A  F  O
E  B  D  O  M  B  G  O  O  I  T  Y  D  A
R  A  R  M  U  A  S  S  I  O  I  C  B  L
M  S  A  P  S  L  O  O  R  I  S  A  A  L
I  C  U  I  I  L  B  T  W  E  T  C  N  E
E  I  L  E  C  E  K  J  E  L  A  C  C  G
R  A  I  R  I  R  J  O  I  L  K  I  H  E
A  T  C  E  S  I  M  A  R  I  N  A  I  O
A  O  O  R  T  N  K  A  D  E  Y  T  E  L
I  R  P  B  A  O  H  U  I  R  B  O  R  O
O  E  D  I  T  O  R  E  O  E  U  R  E  G
S  C  I  E  N  Z  I  A  T  O  I  E  C  O
```

AVVOCATO
ARTISTA
ASTRONOMO
BANCHIERE
POMPIERE
CACCIATORE
CARTOGRAFO
SCIENZIATO
BALLERINO

EDITORE
AMBASCIATORE
IDRAULICO
INFERMIERA
GEOLOGO
GIOIELLIERE
MARINAIO
MUSICISTA

80 - Campeonato

```
F G P S A X D D Q M S C M V
P I G T N L G I U D I C E I
R O N R Q M L P E J J O D T
E C R A X O O E H X D A A T
S H E T L T S T N C K Y G O
T I S E B I F Q C A F Y L R
A Q I G U V S L O M T L I I
Z C S I F A P T K P Q O A A
I D T A L Z O Q A I Y Y R B
O C E K W I R R I O M C Z E
N M N G L O T O R N E O B T
E N Z F M N I M U E L E G A
T G A H E E V S Q U A D R A
R C A M P I O N A T O Y J S
```

CAMPIONE	GIUDICE
CAMPIONATO	LEGA
PRESTAZIONE	MEDAGLIA
SQUADRA	MOTIVAZIONE
SPORTIVO	RESISTENZA
STRATEGIA	TORNEO
FINALISTA	ALLENATORE
GIOCHI	VITTORIA

81 - Castelos

```
N F C C A A I F P R Z S O M
O D A A F R O X A X E W C F
B I T V O P M O R X U Q F P
I N A A R A T A E P Q P L G
L A P L T L O W T Z G B I Z
E S U I E A R F E U D A L E
A T L E Z Z R J Y R R A Q S
M I T R Z Z E E C E A A D Q
S A A E A O K J O G G Q K J
P R I N C I P E R N O H G J
A C A V A L L O O O O S N Q
D I M P E R O S N S C U D O
A F C S Y M S K A Y S F R P
P R I N C I P E S S A G P B
```

ARMATURA	FORTEZZA
CATAPULTA	IMPERO
CAVALIERE	NOBILE
CAVALLO	PALAZZO
CORONA	PARETE
DINASTIA	PRINCIPESSA
DRAGO	PRINCIPE
SCUDO	REGNO
SPADA	TORRE
FEUDALE	

82 - Escola # 2

```
S C L G I O C H I S D K I M
D O C I L Z P B G C I R N A
M M A A E A A I R I Z F S T
A P L I T K Z B A E I O E E
T U E J T Z C L M N O R G M
I T N L E A N I M Z N N N A
T E D I R I T O A A A I A T
A R A B A N J T T O R T N I
C Z R R T O X E I G I U T C
A P I I U Q J C C V O R E A
R A O Y R S R A A W I E K O
T A C C A D E M I C O T J T
A E D U C A Z I O N E F À S
F O R B I C I L E T T U R A
```

ACCADEMICO
ATTIVITÀ
BIBLIOTECA
CALENDARIO
SCIENZA
COMPUTER
DIZIONARIO
EDUCAZIONE
GRAMMATICA
GIOCHI

MATITA
LETTURA
LETTERATURA
LIBRI
MATEMATICA
ZAINO
CARTA
INSEGNANTE
FORNITURE
FORBICI

83 - Abelhas

```
D F A P E F S Y I E K A U M
R I L J X I C R T C L Q B B
E O V Y Y O I I D O P L T M
G R E E U R A N X S D P F H
I I A M R I M S P I A N T E
N R R I S S E E L S C E R A
A E E E Q E I T O T M A C G
P O L L I N E T F E H L L I
B E N E F I C O À M A I F A
C C L G R S S H E A B R U R
R N J O U I O L F N I N M D
M T P P T G K L Y D T I O I
N L F C T F S Q E L A B N N
F C L D A R L C F T T G Z O
```

ALI

BENEFICO

CERA

ALVEARE

DIVERSITÀ

ECOSISTEMA

SCIAME

FIORIRE

FIORI

FRUTTA

FUMO

HABITAT

INSETTO

GIARDINO

MIELE

PIANTE

POLLINE

REGINA

SOLE

84 - Banheiro

```
B A G N O Y Y L T O D N M U
B C S C O N L S A P O N E A
E Q C I J N I M P R C H L S
I U O F M L S K P U C A O C
D A B J P U G L E B I P Z I
F O R B I C I B T I A R I U
S O S H A M P O O N S O O G
G A B I N E T T O E P F N A
V D X J D K E B K T U U E M
F A Z M M X W O J T G M F A
D S P E C C H I O O N O U N
M Q S O B O L L E X A B A O
N U M K R W J O C I S O Q D
D Z L U F E O X R X B Y W Z
```

ACQUA
GABINETTO
BAGNO
BOLLE
DOCCIA
SPECCHIO
SPUGNA
LOZIONE

PROFUMO
SAPONE
TAPPETO
FORBICI
ASCIUGAMANO
RUBINETTO
VAPORE
SHAMPOO

85 - Ciência

```
M O L E C O L E M F L C O F
D C H I M I C O I O A O S G
E A Y T A E Y M N S B I S Y
F E T S X I D E E S O K E P
G A W I C N S T R I R J R I
F T T L Q A C O A L A F V A
X W P T U T I D L E T I A N
C I H X O U E O I S O S Z T
A T O M O R N S U N R I I E
C L I M A A Z N E O I C O L
E V O L U Z I O N E O A N M
Y Q C J G R A V I T À I E I
P B R P A R T I C E L L E C
P G L W I P O T E S I G X O
```

ATOMO
SCIENZIATO
CLIMA
DATI
EVOLUZIONE
FATTO
FISICA
FOSSILE
GRAVITÀ
IPOTESI

LABORATORIO
METODO
MINERALI
MOLECOLE
NATURA
OSSERVAZIONE
PARTICELLE
PIANTE
CHIMICO

86 - Cores

```
Z N Y D S F C C X Y U R X L
O B E I G E V E I S J K A F
K L G R I G I O P E U T L K
Z J B X O B O V E R D E U G
S E P P I A L Z F O G U A A
M O E W R K A U Z S B Q Z D
A Z G K Q P J N G A G I I U
G R I A R W U W K R T B O E
E M A R R O N E A O K W L D
N Z L N K L F U C S I A M G
T D L G C R E M I S I W P Y
A Q O N S I I L A O A S Q R
B I A N C O A G N X W B K U
J M M E L A W B O C Y L K Q
```

GIALLO   MAGENTA
BLU   MARRONE
BEIGE   NERO
BIANCO   ROSA
CREMISI   VIOLA
CIANO   SEPPIA
GRIGIO   VERDE
FUCSIA   ROSSO
ARANCIA

87 - Comida #1

```
O J O U W K R W L T I D K C
I N S A L A T A I O F Z N I
L A T T E F T O M R R I H P
Y B A S I L I C O T A Z Y O
F Z L D U O M Y N A G I O L
Z M B K M G B C E H O M Y L
A U I T P L Z Z A W L F S A
G T C M I N E S T R A O P R
L H O C I K U T C A O H I A
I S C I H B Z K S P C T N C
O U C J G E K Y A A G O A H
F C A E O D R F L K S N C I
M C G Y M N N O E K J N I D
Z O C A N N E L L A O O B I
```

ZUCCHERO	SPINACI
AGLIO	LATTE
ARACHIDI	LIMONE
TONNO	BASILICO
TORTA	FRAGOLA
CANNELLA	RAPA
CIPOLLA	SALE
CAROTA	INSALATA
ORZO	MINESTRA
ALBICOCCA	SUCCO

88 - Pássaros

```
S G A B B I A N O Q O I A G
T C C P A V O N E G M R U P
R I A T U C A N O Y G U Q I
U C N P A P P A G A L L O C
Z O A C I G N O R I G R A C
Z G R G P O L L O C A M N I
O N I F E N I C O T T E R O
Y A N M L P C C T Y R E A N
F S O I L P A U R C F M N E
J A Q U I L A S C G X K A A
N T Z S C C X O S U K T T I
H N W M A I R O N E L T R C
Q W P I N G U I N O R O A N
Q Y H U O V O I K T G O F H
```

STRUZZO	AIRONE
AQUILA	UOVO
CANARINO	PAPPAGALLO
CICOGNA	PASSERO
CIGNO	ANATRA
CUCULO	PAVONE
FENICOTTERO	PELLICANO
POLLO	PINGUINO
GABBIANO	PICCIONE
OCA	TUCANO

89 - Virtudes #1

```
U  J  S  L  D  M  O  S  Q  Z  K  P  W  D
T  N  Z  A  W  M  D  D  A  R  Y  P  C  I
I  O  T  H  T  P  S  I  M  G  H  U  C  V
L  E  G  E  N  E  R  O  S  O  G  L  T  E
E  Y  W  F  R  X  D  A  B  S  H  I  E  R
D  E  C  I  S  I  V  O  T  U  D  T  O  T
C  U  R  I  O  S  O  C  W  I  O  O  Q  E
A  R  T  I  S  T  I  C  O  L  C  N  M  N
E  F  F  I  C  I  E  N  T  E  E  O  O  T
A  P  P  A  S  S  I  O  N  A  T  O  D  E
I  N  D  I  P  E  N  D  E  N  T  E  E  A
I  N  T  E  L  L  I  G  E  N  T  E  S  Z
F  H  A  F  F  A  S  C  I  N  A  N  T  E
P  A  Z  I  E  N  T  E  W  S  O  I  O  R
```

APPASSIONATO	INDIPENDENTE
ARTISTICO	INTELLIGENTE
BUONO	PULITO
CURIOSO	MODESTO
DECISIVO	PAZIENTE
EFFICIENTE	PRATICO
AFFASCINANTE	SAGGIO
DIVERTENTE	UTILE
GENEROSO	

90 - Literatura

```
E  B  G  M  R  Z  E  X  T  R  C  D  R  M
T  T  U  G  S  T  R  A  G  E  D  I  A  E
K  E  D  S  X  F  I  N  Z  I  O  N  E  T
E  N  M  E  T  C  M  R  I  T  M  O  J  A
B  A  Y  A  S  R  A  U  T  O  R  E  Q  F
I  R  C  O  N  C  L  U  S  I  O  N  E  O
O  R  D  P  A  O  R  R  J  C  A  O  P  R
G  A  I  I  N  N  O  I  U  Y  N  S  O  A
R  T  A  N  E  F  M  R  Z  Y  A  O  E  N
A  O  L  I  D  R  A  S  T  I  L  E  S  A
F  R  O  O  D  O  N  W  X  T  O  N  I  L
I  E  G  N  O  N  Z  X  L  U  G  N  A  I
A  D  O  E  T  T  O  N  N  Q  I  K  E  S
U  Z  I  S  O  O  X  L  M  H  A  H  E  I
```

ANALOGIA	FINZIONE
ANALISI	METAFORA
ANEDDOTO	NARRATORE
AUTORE	OPINIONE
BIOGRAFIA	POESIA
CONFRONTO	RIMA
CONCLUSIONE	RITMO
DESCRIZIONE	ROMANZO
DIALOGO	TEMA
STILE	TRAGEDIA

91 - Clima

```
T E M P E R A T U R A U M A
R V T U O N O U S I H R O S
O A E F U L M I N E Y A N C
P B S N T L A P G O A G S I
I I F B T E W R M E C A O U
C L I M A O C I E L O N N T
A G H I A C C I O N Z O E T
L A R C O B A L E N O L Y O
E T O R N A D O B R E Z Z A
R J F C E U M T R M A E Q B
W A L I B E B J Q Y R E U B
D T G Z B S T E M P E S T A
Z C S S I C C I T À C I D A
F Q E M A A T M O S F E R A
```

ARCOBALENO
ATMOSFERA
BREZZA
CIELO
CLIMA
URAGANO
GHIACCIO
MONSONE
NEBBIA
NUBE

POLARE
FULMINE
SICCITÀ
ASCIUTTO
TEMPERATURA
TEMPESTA
TORNADO
TROPICALE
TUONO
VENTO

92 - Tecnologia

```
B  I  T  E  S  M  E  S  S  A  G  G  I  O
L  Y  L  S  V  I  R  T  U  A  L  E  M  Z
O  F  O  N  T  K  C  C  U  R  S  O  R  E
G  V  I  R  U  S  Y  U  D  J  B  S  I  C
D  I  G  I  T  A  L  E  R  A  M  K  C  O
B  Y  T  E  E  B  P  E  A  E  T  X  E  M
S  U  R  H  L  R  R  X  P  J  Z  I  R  P
O  J  A  G  E  A  J  O  U  J  U  Z  C  U
F  X  F  G  C  T  C  A  W  R  W  M  A  T
T  T  M  I  A  U  A  B  F  S  E  P  F  E
W  B  U  M  M  L  U  N  I  U  E  B  Y  R
A  C  M  F  E  P  T  T  L  Y  O  R  A  Q
R  M  Y  X  R  I  N  T  E  R  N  E  T  E
E  N  L  O  A  S  C  H  E  R  M  O  U  C
```

FILE	INTERNET
BLOG	MESSAGGIO
BYTE	BROWSER
TELECAMERA	RICERCA
COMPUTER	SICUREZZA
CURSORE	SOFTWARE
DATI	SCHERMO
DIGITALE	VIRTUALE
FONT	VIRUS

93 - Arte

```
S C U L T U R A L E O H E C
O C E S O G G E T T O O S U
E N Z R I T R A R R E R P T
W T E D A V I S I V O I R E
P S T S A M F D G O I G E Y
S E G D T D I P I N T I S F
I M R D K O G C A U B N S P
M P O S P T U Q A M K A I O
B L L G O X R D W O Z L O E
O I E R O N A Q N R C E N S
L C S W L S A C R E A R E I
O E A C O M P L E S S O X A
I S P I R A T O E G N N M C
C O M P O S I Z I O N E J D
```

CERAMICA
COMPLESSO
COMPOSIZIONE
CREARE
SCULTURA
ESPRESSIONE
FIGURA
ONESTO
UMORE
ISPIRATO

ORIGINALE
PERSONALE
DIPINTI
POESIA
RITRARRE
SEMPLICE
SIMBOLO
SOGGETTO
VISIVO

94 - Dinossauros

```
T  S  O  Q  B  W  P  R  E  D  A  K  P  A
F  E  C  N  C  A  R  N  I  V  O  R  O  L
D  R  R  O  N  R  A  P  A  C  E  E  V  I
F  B  I  R  M  I  K  U  G  O  P  V  I  Q
T  I  I  E  A  P  V  R  W  D  S  O  Z  S
T  V  Y  T  M  O  A  O  W  A  L  L  I  U
A  O  D  T  M  F  J  R  R  S  K  U  O  T
G  R  B  I  U  O  P  B  S  O  M  Z  S  Q
L  O  G  L  T  S  O  P  A  A  K  I  O  G
I  P  R  E  I  S  T  O  R  I  C  O  Z  X
A  L  A  L  C  I  E  X  D  F  U  N  K  K
J  N  N  C  O  L  N  K  G  H  F  E  Z  C
J  T  D  Q  Q  I  T  A  E  N  O  R  M  E
T  Q  E  I  S  P  E  C  I  E  G  J  T  G
```

ALI	MAMMUT
CARNIVORO	ONNIVORO
CODA	POTENTE
SCOMPARSA	PREDA
ENORME	PREISTORICO
SPECIE	RAPACE
EVOLUZIONE	RETTILE
FOSSILI	TAGLIA
GRANDE	TERRA
ERBIVORO	VIZIOSO

95 - Esportes

```
G M O V I M E N T O D F L B
Q I A L L E N A T O R E R I
S I N Y B O H T W R G M Z C
X Q Z N T E N N I S P S O I
Y Q U C A M P I O N A T O C
G P Z A E S S E V C L A U L
Y I F D D C T O I K E D A E
Z X O J K R Z I N G S I T T
K C P C W H A X C B T O L T
G O L F A J J J I A R W E A
H A R B I T R O T S A K T K
S R G G G I O C O K P O A C
H O C K E Y Q R R E P K D I
B A S E B A L L E T Q H S F
```

ATLETA	PALESTRA
ARBITRO	GINNASTICA
BASKET	GOLF
BASEBALL	HOCKEY
BICICLETTA	GIOCATORE
CAMPIONATO	GIOCO
SQUADRA	MOVIMENTO
STADIO	TENNIS
VINCITORE	ALLENATORE

96 - Comida # 2

```
M K R I S O M B C I P R U Y
G E I K Q Y E A A P O L L O
C R L W Z L L N R E M U C G
I U A A I U A C S O V I U
O O Q N I O N N I C D A L R
C Y Z U O V Z A O E O N I T
C L B E N O A L F P R B E R
O A Y E F U N G O P O R G Y
L O F O R M A G G I O O I G
A M A N D O R L A S I C A E
T O I B O M Y Z K W U C M T
O E P R O S C I U T T O R E
D C S G O H X X A H Q L J J
S I R B X K D N Q T E O K B
```

CARCIOFO
MANDORLA
RISO
BANANA
MELANZANA
BROCCOLO
CILIEGIA
CIOCCOLATO
FUNGO
POLLO

YOGURT
KIWI
MELA
UOVO
PESCE
PROSCIUTTO
FORMAGGIO
POMODORO
GRANO
UVA

97 - Barcos

```
O G O I F Y M P Y D T M J Z
N C A N O A A T A O Z D X A
D L E K E T R M U C A R E T
E A C A L B E R O K Y L Z T
Q G O Y N M A R I N A I O E
N O R A P O N N D B C E H R
P X D K G T C S A J H B H A
A J A C A O O A X U T O A W
W M P Y N R R X F N T A E E
M T X S K E A Z W O G I Y T
X A E Q U I P A G G I O C C
M W R M H T R A G H E T T O
T Z D E W O R N Z W P A U O
R F I U M E K F H A D K T P
```

ANCORA   MARE
TRAGHETTO   MAREA
BOA   MARINAIO
KAYAK   ALBERO
CANOA   MOTORE
CORDA   NAUTICO
DOCK   OCEANO
YACHT   ONDE
ZATTERA   FIUME
LAGO   EQUIPAGGIO

98 - Piratas

```
P C D D U N Y F X C O C C A
E A O S P A D A Q I F I A L
R T F P A N P V T C R S P B
I T P I P C T V E A G O I D
C I G A P O M E S T R L T E
O V K G A R N N O R O A A M
L O U G G A B T R I T G N O
O G F I A K K U O C T T O N
R U M A L M G R S E A P M E
H K R U L E E A E S J D A T
G J U L O O C E A N O S P E
E Q U I P A G G I O U L P H
F M O P R L E G G E N D A R
S Z I D T O M Z X S C S H D
```

AVVENTURA	CATTIVO
ANCORA	MONETE
BUSSOLA	OCEANO
CAPITANO	ORO
GROTTA	PAPPAGALLO
CICATRICE	PERICOLO
SPADA	SPIAGGIA
ISOLA	RUM
LEGGENDA	TESORO
MAPPA	EQUIPAGGIO

99 - Mamíferos

```
G  V  U  J  W  C  H  P  B  T  S  C  C  T
A  O  G  I  R  A  F  F  A  O  W  O  O  I
T  L  R  L  J  N  U  W  L  R  X  Y  N  Y
T  P  S  I  P  E  L  D  E  O  L  O  I  C
O  E  C  N  L  C  C  C  N  U  U  T  G  Z
Z  D  A  Z  X  L  C  A  A  I  P  E  L  E
R  P  N  O  T  W  A  C  S  V  O  X  I  B
L  I  G  E  U  R  M  X  C  T  A  P  O  R
E  T  U  E  R  D  M  K  L  J  O  L  Y  A
O  A  R  F  C  M  E  B  D  A  Z  R  L  T
N  B  O  B  Q  S  L  X  I  H  J  X  O  O
E  A  K  G  S  T  L  S  C  I  M  M  I  A
P  E  C  O  R  A  O  D  E  L  F  I  N  O
E  L  E  F  A  N  T  E  U  A  P  T  R  C
```

BALENA	GIRAFFA
CAMMELLO	DELFINO
CANGURO	GORILLA
CASTORO	LEONE
CAVALLO	LUPO
CANE	SCIMMIA
CONIGLIO	PECORA
COYOTE	VOLPE
ELEFANTE	TORO
GATTO	ZEBRA

100 - Atividades e Lazer

```
E  I  R  C  B  C  V  I  J  Q  R  T  E  P
S  M  I  J  R  C  I  E  J  C  L  E  T  Q
C  M  L  H  O  C  A  M  P  E  G  G  I  O
U  E  A  O  I  D  G  B  L  J  E  L  Z  X
R  R  S  B  C  B  G  O  P  D  M  B  I  E
S  S  S  B  A  L  I  X  E  J  H  B  N  O
I  I  A  Y  L  S  O  E  H  P  R  F  H  A
O  O  N  P  C  U  K  P  W  O  E  B  F  H
N  N  T  T  I  R  M  E  J  R  L  S  Z  Y
I  E  E  M  O  F  D  W  T  C  P  N  C  M
T  E  N  N  I  S  P  I  T  T  U  R  A  A
B  A  S  E  B  A  L  L  G  O  L  F  L  R
G  I  A  R  D  I  N  A  G  G  I  O  J  T
N  U  O  T  O  M  S  N  M  Y  B  Q  T  E
```

CAMPEGGIO	GIARDINAGGIO
ARTE	IMMERSIONE
BASKET	NUOTO
BASEBALL	PESCA
BOXE	PITTURA
ESCURSIONI	RILASSANTE
CALCIO	SURF
GOLF	TENNIS
HOBBY	VIAGGIO

1 - Dirigindo

2 - Atividades

3 - Churrascos

4 - Pesca

5 - Geologia

6 - Tempo

7 - Astronomia

8 - Circo

9 - Acampamento

10 - Emoções

11 - Ficção Científica

12 - Mitologia

13 - Medições

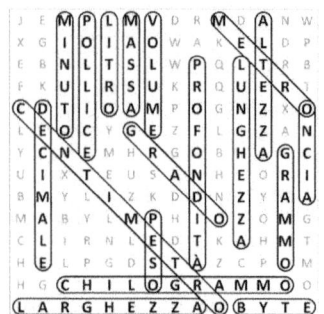

14 - Plantas

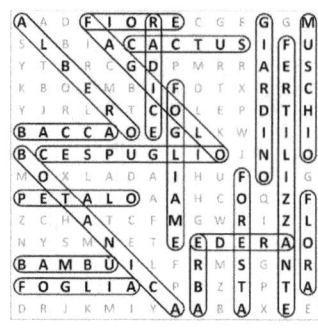

15 - Veículos

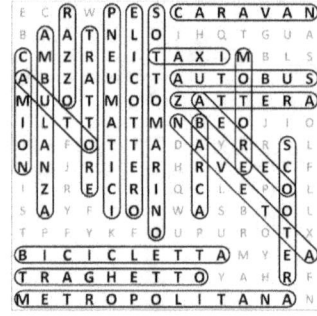

16 - Restaurante # 2

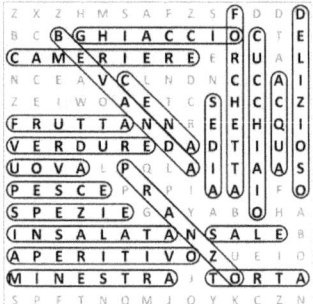

17 - Países #2

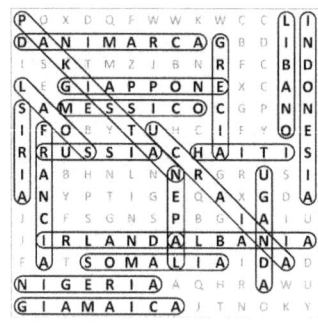

18 - Cozinha

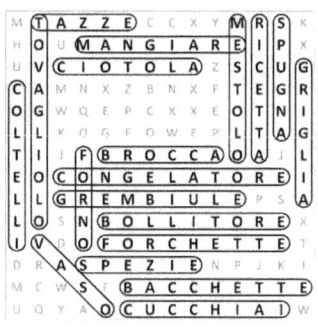

19 - Brinquedos

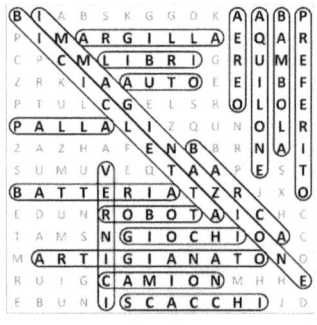

20 - Verão

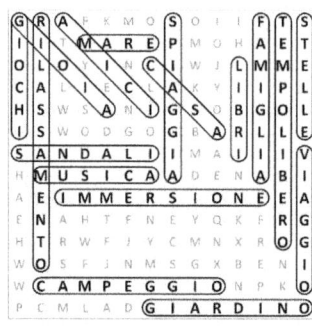

21 - Material de Arte

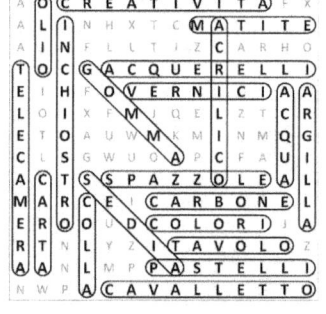

22 - Números

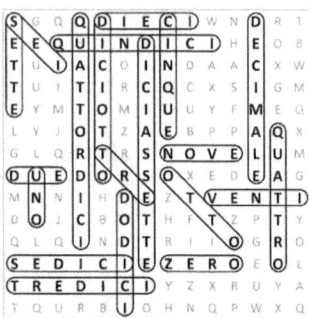

23 - Especiarias

24 - Aniversário

25 - Casa

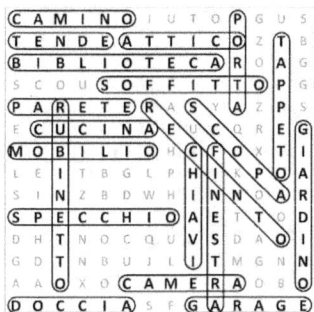

26 - Vegetais

27 - Exploração

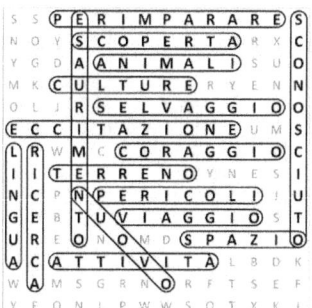

28 - Balé

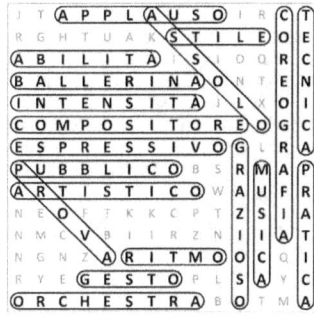

29 - Conservação

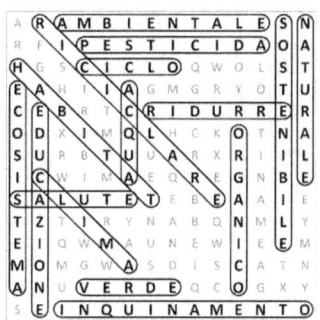

30 - Adjetivos #1

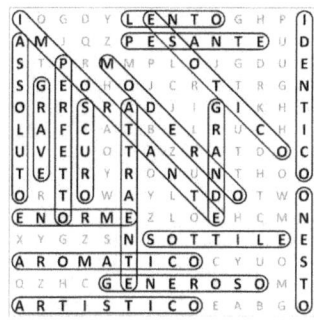

31 - Insetos

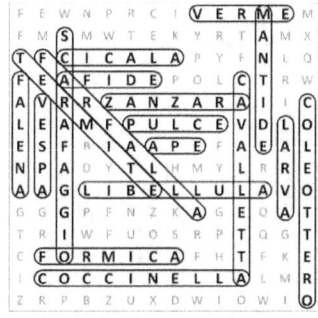

32 - Paisagens

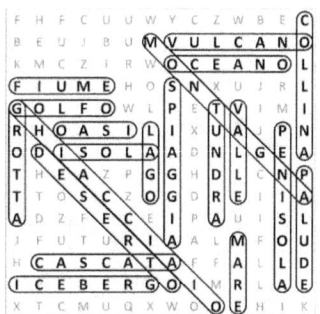

33 - Dança

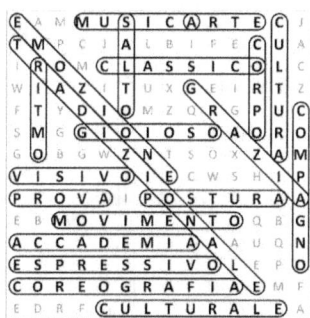

34 - Nutrição

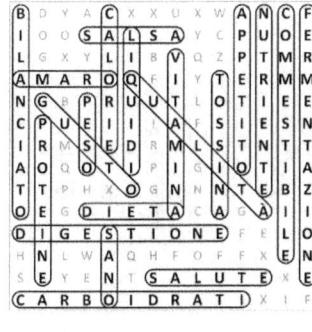

35 - Disciplinas Científicas

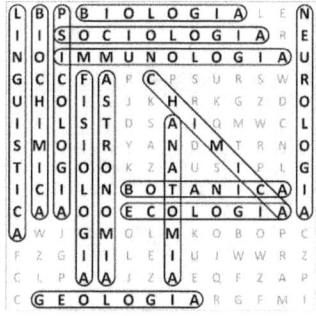

36 - Meditação

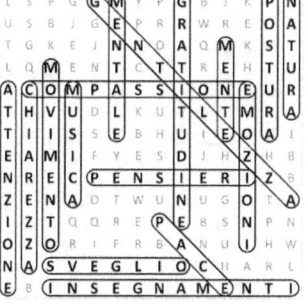

37 - Gatos

38 - Artes Visuais

39 - Instrumentos Musicais

40 - Escola #1

41 - Adjetivos #2

42 - Roupas

43 - Herbalismo

44 - Frutas

45 - Corpo Humano

46 - Restaurante #1

47 - Caminhada

48 - Água

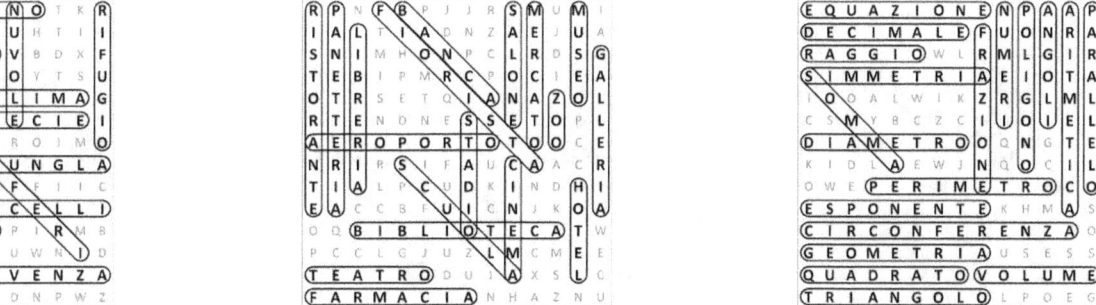

49 - Sons

50 - Ecologia

51 - Família

52 - Férias #2

53 - Edifícios

54 - Praia

55 - Ferramentas de Cozinha

56 - Xadrez

57 - Aventura

58 - Floresta Tropical

59 - Cidade

60 - Matemática

61 - Natureza

62 - Preencher

63 - Animais de Estimação

64 - Escalada

65 - Aviões

66 - Tipos de Cabelo

67 - Formas

68 - Dias e Meses

69 - Geografia

70 - Antártica

71 - Flores

72 - Fazenda #1

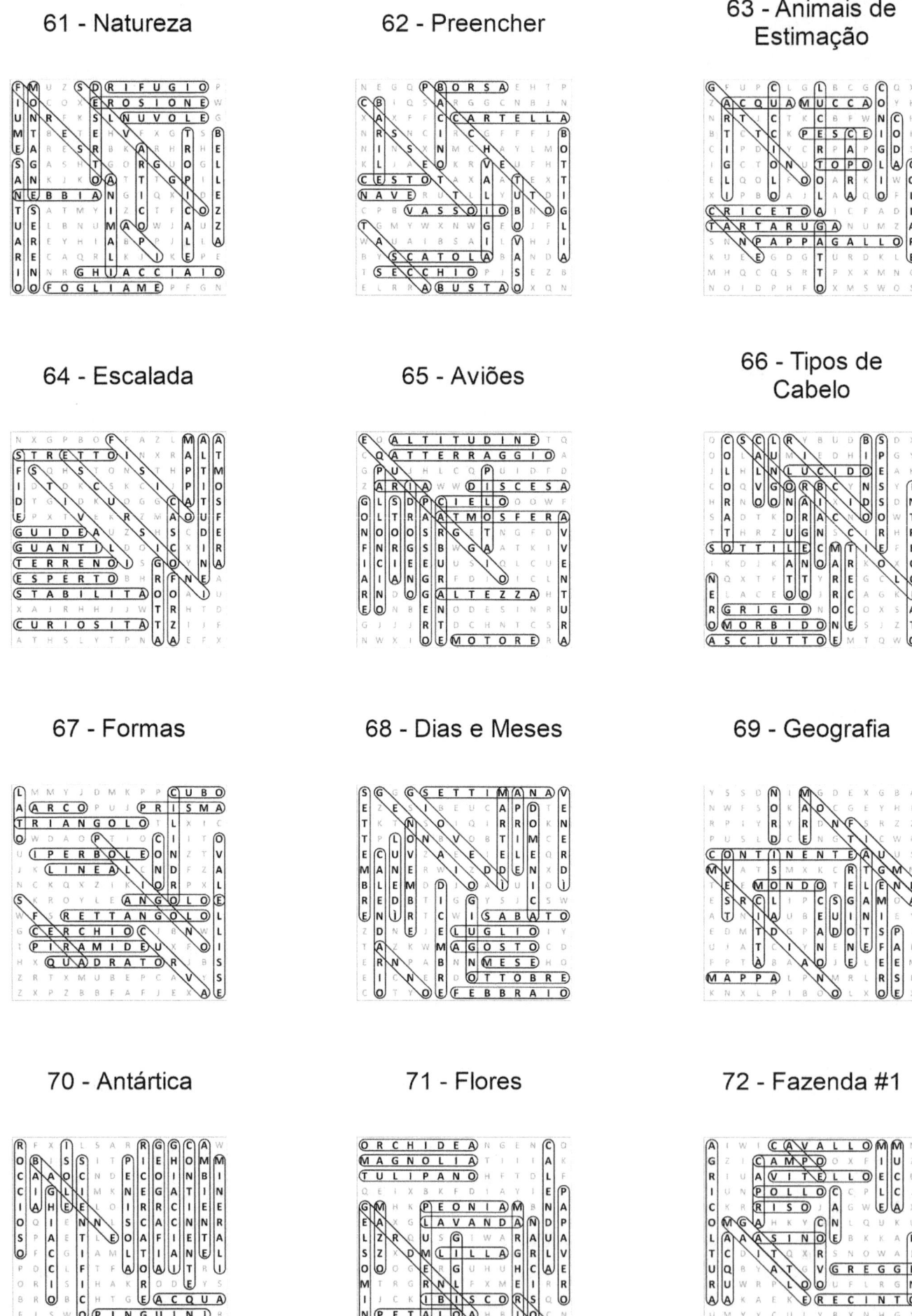

73 - Livros

74 - Chocolate

75 - Profissões #2

76 - Fazenda #2

77 - Jardim

78 - Oceano

79 - Profissões #1

80 - Campeonato

81 - Castelos

82 - Escola # 2

83 - Abelhas

84 - Banheiro

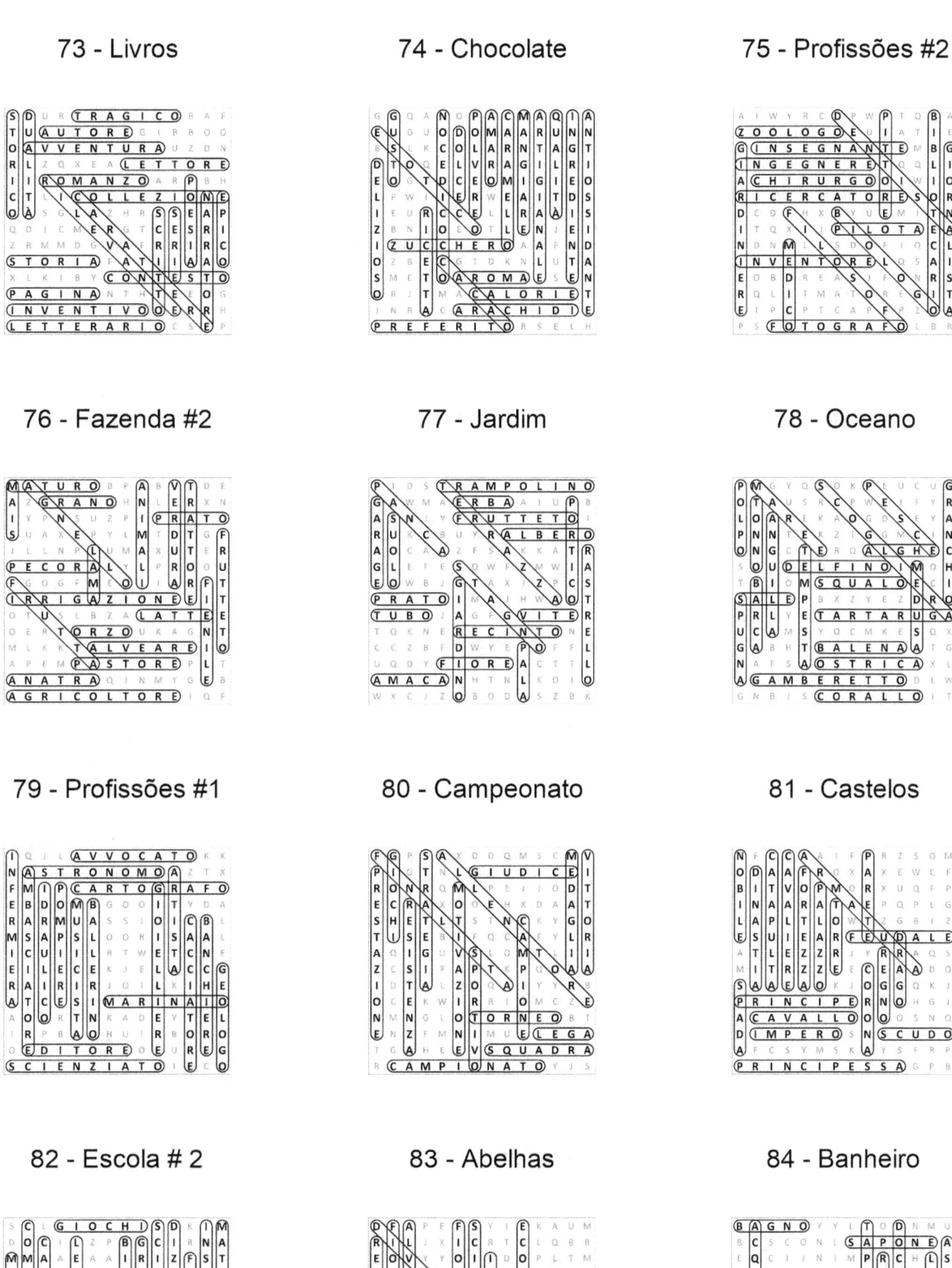

85 - Ciência

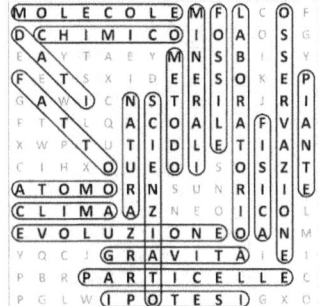

86 - Cores

87 - Comida #1

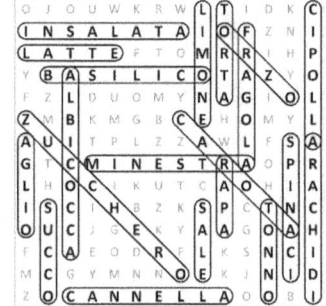

88 - Pássaros

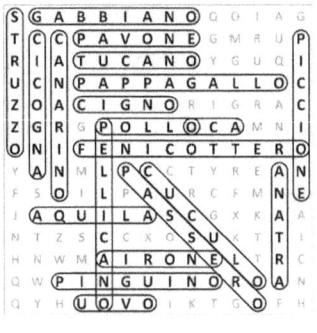

89 - Virtudes #1

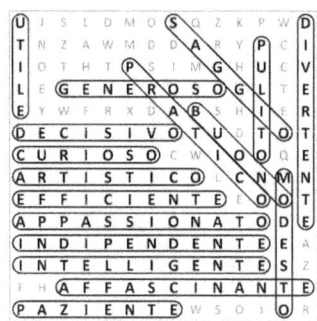

90 - Literatura

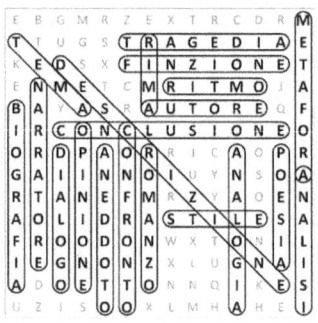

91 - Clima

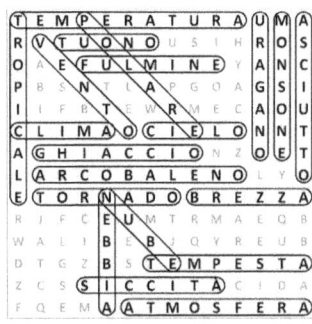

92 - Tecnologia

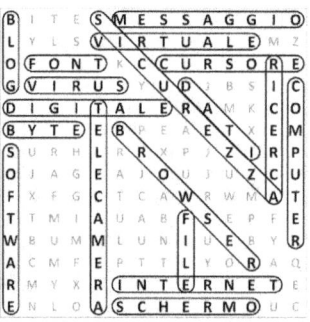

93 - Arte

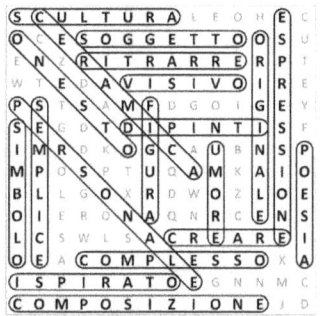

94 - Dinossauros

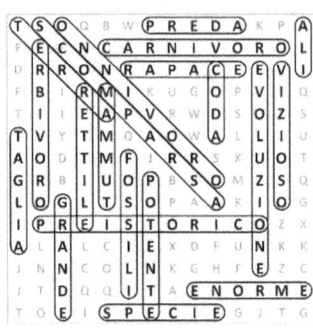

95 - Esportes

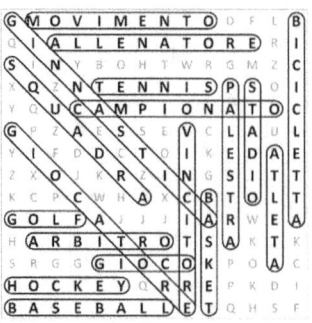

96 - Comida # 2

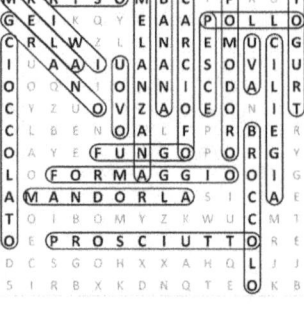

97 - Barcos

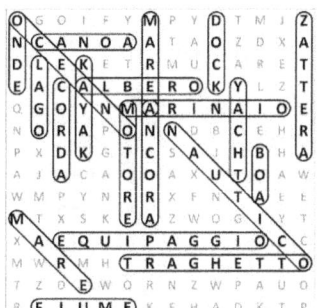

98 - Piratas

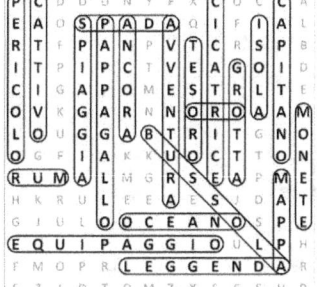

99 - Mamíferos

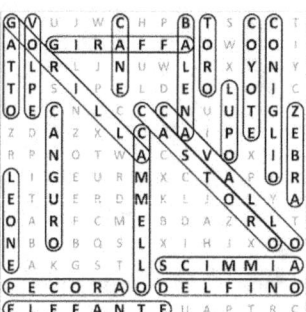

100 - Atividades e Lazer

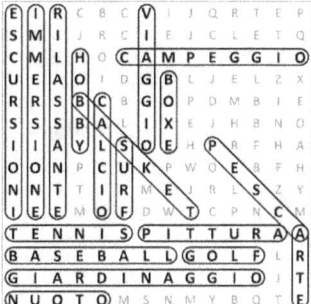

Dicionário

Abelhas
Api

Asas	Ali
Benéfico	Benefico
Cera	Cera
Colmeia	Alveare
Diversidade	Diversità
Ecossistema	Ecosistema
Enxame	Sciame
Flor	Fiorire
Flores	Fiori
Fruta	Frutta
Fumaça	Fumo
Habitat	Habitat
Inseto	Insetto
Jardim	Giardino
Mel	Miele
Plantas	Piante
Pólen	Polline
Rainha	Regina
Sol	Sole

Acampamento
Campeggio

Animais	Animali
Aventura	Avventura
Árvores	Alberi
Bússola	Bussola
Cabine	Cabina
Caça	Caccia
Canoa	Canoa
Chapéu	Cappello
Corda	Corda
Equipamento	Attrezzatura
Floresta	Foresta
Fogo	Fuoco
Inseto	Insetto
Lago	Lago
Lua	Luna
Maca	Amaca
Mapa	Mappa
Montanha	Montagna
Natureza	Natura
Tenda	Tenda

Adjetivos #1
Aggettivi #1

Absoluto	Assoluto
Aromático	Aromatico
Artístico	Artistico
Atraente	Attraente
Enorme	Enorme
Escuro	Scuro
Exótico	Esotico
Fino	Sottile
Generoso	Generoso
Grande	Grande
Honesto	Onesto
Idêntico	Identico
Importante	Importante
Lento	Lento
Misterioso	Misterioso
Moderno	Moderno
Perfeito	Perfetto
Pesado	Pesante
Sério	Grave
Valioso	Prezioso

Adjetivos #2
Aggettivi #2

Autêntico	Autentico
Criativo	Creativo
Descritivo	Descrittivo
Dotado	Dotato
Elegante	Elegante
Famoso	Famoso
Forte	Forte
Interessante	Interessante
Natural	Naturale
Normal	Normale
Novo	Nuovo
Orgulhoso	Orgoglioso
Produtivo	Produttivo
Puro	Puro
Quente	Caldo
Responsável	Responsabile
Salgado	Salato
Saudável	Sano
Seco	Asciutto
Selvagem	Selvaggio

Animais de Estimação
Animali Domestici

Água	Acqua
Cabra	Capra
Cachorro	Cucciolo
Cauda	Coda
Cão	Cane
Coelho	Coniglio
Colarinho	Collare
Garras	Artigli
Gatinho	Gattino
Gato	Gatto
Hamster	Criceto
Lagarto	Lucertola
Mouse	Topo
Papagaio	Pappagallo
Peixe	Pesce
Tartaruga	Tartaruga
Vaca	Mucca
Veterinário	Veterinario

Aniversário
Compleanno

Alegre	Gioioso
Amigos	Amici
Ano	Anno
Aprender	Per Imparare
Bolo	Torta
Calendário	Calendario
Canção	Canzone
Cartões	Carte
Celebração	Celebrazione
Convites	Inviti
Dia	Giorno
Dom	Regalo
Especial	Speciale
Feliz	Felice
Jovem	Giovane
Nascer	Nato
Sabedoria	Saggezza
Tempo	Tempo
Velas	Candele

Antártica
Antartide

Ambiente	Ambiente
Água	Acqua
Baía	Baia
Baleias	Balene
Científico	Scientifico
Conservação	Conservazione
Continente	Continente
Expedição	Spedizione
Geleiras	Ghiacciai
Gelo	Ghiaccio
Geografia	Geografia
Ilhas	Isole
Investigador	Ricercatore
Migração	Migrazione
Minerais	Minerali
Península	Penisola
Pinguins	Pinguini
Rochoso	Roccioso
Temperatura	Temperatura
Topografia	Topografia

Arte
Arte

Cerâmica	Ceramica
Complexo	Complesso
Composição	Composizione
Criar	Creare
Escultura	Scultura
Expressão	Espressione
Figura	Figura
Honesto	Onesto
Humor	Umore
Inspirado	Ispirato
Original	Originale
Pessoal	Personale
Pinturas	Dipinti
Poesia	Poesia
Retratar	Ritrarre
Simples	Semplice
Símbolo	Simbolo
Sujeito	Soggetto
Surrealismo	Surrealismo
Visual	Visivo

Artes Visuais
Arti Visive

Argila	Argilla
Arquitetura	Architettura
Artista	Artista
Caneta	Penna
Cavalete	Cavalletto
Cera	Cera
Cerâmica	Ceramica
Composição	Composizione
Criatividade	Creatività
Escultura	Scultura
Estêncil	Stampino
Filme	Film
Fotografia	Fotografia
Giz	Gesso
Lápis	Matita
Obra-Prima	Capolavoro
Perspectiva	Prospettiva
Pintura	Pittura
Retrato	Ritratto
Verniz	Vernice

Astronomia
Astronomia

Asteróide	Asteroide
Astronauta	Astronauta
Astrônomo	Astronomo
Céu	Cielo
Constelação	Costellazione
Cosmos	Cosmo
Eclipse	Eclissi
Equinócio	Equinozio
Foguete	Razzo
Gravidade	Gravità
Lua	Luna
Meteoro	Meteora
Nebulosa	Nebulosa
Observatório	Osservatorio
Planeta	Pianeta
Radiação	Radiazione
Solar	Solare
Supernova	Supernova
Terra	Terra
Universo	Universo

Atividades
Attività

Arte	Arte
Artesanato	Artigianato
Atividade	Attività
Caca	Caccia
Caminhada	Escursioni
Cerâmica	Ceramica
Fotografia	Fotografia
Habilidade	Abilità
Interesses	Interessi
Jardinagem	Giardinaggio
Jogos	Giochi
Lazer	Tempo Libero
Lendo	Lettura
Magia	Magia
Pesca	Pesca
Pintura	Pittura
Prazer	Piacere
Relaxamento	Rilassamento

Atividades e Lazer
Attività e Tempo Libero

Acampamento	Campeggio
Arte	Arte
Basquete	Basket
Beisebol	Baseball
Boxe	Boxe
Caminhada	Escursioni
Futebol	Calcio
Golfe	Golf
Hobbies	Hobby
Jardinagem	Giardinaggio
Mergulho	Immersione
Natação	Nuoto
Pesca	Pesca
Pintura	Pittura
Relaxante	Rilassante
Surfe	Surf
Tênis	Tennis
Viagem	Viaggio
Voleibol	Pallavolo

Aventura
Avventura

Alegria	Gioia
Amigos	Amici
Atividade	Attività
Beleza	Bellezza
Chance	Caso
Desafios	Sfide
Destino	Destinazione
Dificuldade	Difficoltà
Entusiasmo	Entusiasmo
Excursão	Escursione
Incomum	Insolito
Itinerário	Itinerario
Natureza	Natura
Navegação	Navigazione
Novo	Nuovo
Oportunidade	Opportunità
Perigoso	Pericoloso
Preparação	Preparazione
Segurança	Sicurezza
Surpreendente	Sorprendente

Aviões
Aeroplani

Altitude	Altitudine
Altura	Altezza
Ar	Aria
Aterrissagem	Atterraggio
Atmosfera	Atmosfera
Aventura	Avventura
Balão	Palloncino
Céu	Cielo
Combustível	Carburante
Construção	Costruzione
Descida	Discesa
Direção	Direzione
Hidrogênio	Idrogeno
História	Storia
Inflar	Gonfiare
Motor	Motore
Passageiro	Passeggero
Piloto	Pilota
Tripulação	Equipaggio
Turbulência	Turbolenza

Água
Acqua

Canal	Canale
Chuva	Pioggia
Chuveiro	Doccia
Evaporação	Evaporazione
Furacão	Uragano
Geada	Gelo
Gelo	Ghiaccio
Geyser	Geyser
Inundação	Alluvione
Irrigação	Irrigazione
Lago	Lago
Monção	Monsone
Neve	Neve
Oceano	Oceano
Ondas	Onde
Potável	Potabile
Rio	Fiume
Umidade	Umidità
Vapor	Vapore

Balé
Balletto

Aplauso	Applauso
Artístico	Artistico
Bailarina	Ballerina
Compositor	Compositore
Coreografia	Coreografia
Dançarinos	Ballerini
Ensaio	Prova
Estilo	Stile
Expressivo	Espressivo
Gesto	Gesto
Gracioso	Grazioso
Habilidade	Abilità
Intensidade	Intensità
Música	Musica
Orquestra	Orchestra
Prática	Pratica
Público	Pubblico
Ritmo	Ritmo
Solo	Assolo
Técnica	Tecnica

Banheiro
Bagno

Água	Acqua
Banheiro	Gabinetto
Banho	Bagno
Bolhas	Bolle
Chuveiro	Doccia
Espelho	Specchio
Esponja	Spugna
Loção	Lozione
Perfume	Profumo
Sabão	Sapone
Tapete	Tappeto
Tesoura	Forbici
Toalha	Asciugamano
Torneira	Rubinetto
Vapor	Vapore
Xampu	Shampoo

Barcos
Imbarcazioni

Âncora	Ancora
Balsa	Traghetto
Bóia	Boa
Caiaque	Kayak
Canoa	Canoa
Corda	Corda
Doca	Dock
Iate	Yacht
Jangada	Zattera
Lago	Lago
Mar	Mare
Maré	Marea
Marinheiro	Marinaio
Mastro	Albero
Motor	Motore
Náutico	Nautico
Oceano	Oceano
Ondas	Onde
Rio	Fiume
Tripulação	Equipaggio

Brinquedos
Giocattoli

Argila	Argilla
Artesanato	Artigianato
Avião	Aereo
Barco	Barca
Bateria	Batteria
Bicicleta	Bicicletta
Bola	Palla
Boneca	Bambola
Caminhão	Camion
Carro	Auto
Favorito	Preferito
Imaginação	Immaginazione
Jogos	Giochi
Livros	Libri
Pipa	Aquilone
Robô	Robot
Tintas	Vernici
Xadrez	Scacchi

Caminhada
Escursionismo

Acampamento	Campeggio
Animais	Animali
Água	Acqua
Botas	Stivali
Cansado	Stanco
Clima	Clima
Guias	Guide
Mapa	Mappa
Montanha	Montagna
Natureza	Natura
Orientação	Orientamento
Parques	Parchi
Pedras	Pietre
Penhasco	Scogliera
Perigos	Pericoli
Pesado	Pesante
Preparação	Preparazione
Selvagem	Selvaggio
Sol	Sole
Tempo	Meteo

Campeonato
Campionato

Campeão	Campione
Campeonato	Campionato
Desempenho	Prestazione
Equipe	Squadra
Esportes	Sportivo
Estratégia	Strategia
Finalista	Finalista
Jogos	Giochi
Juiz	Giudice
Liga	Lega
Medalha	Medaglia
Motivação	Motivazione
Resistência	Resistenza
Torneio	Torneo
Treinador	Allenatore
Vitória	Vittoria

Casa
Casa

Biblioteca	Biblioteca
Cerca	Recinto
Chaves	Chiavi
Chuveiro	Doccia
Cortinas	Tende
Cozinha	Cucina
Espelho	Specchio
Garagem	Garage
Janela	Finestra
Jardim	Giardino
Lareira	Camino
Mobiliário	Mobilio
Parede	Parete
Porta	Porta
Quarto	Camera
Sótão	Attico
Tapete	Tappeto
Teto	Soffitto
Torneira	Rubinetto
Vassoura	Scopa

Castelos
Castelli

Armadura	Armatura
Catapulta	Catapulta
Cavaleiro	Cavaliere
Cavalo	Cavallo
Coroa	Corona
Dinastia	Dinastia
Dragão	Drago
Escudo	Scudo
Espada	Spada
Feudal	Feudale
Fortaleza	Fortezza
Império	Impero
Nobre	Nobile
Palácio	Palazzo
Parede	Parete
Princesa	Principessa
Príncipe	Principe
Reino	Regno
Torre	Torre
Unicórnio	Unicorno

Chocolate
Cioccolato

Açúcar	Zucchero
Amargo	Amaro
Amendoins	Arachidi
Antioxidante	Antiossidante
Aroma	Aroma
Artesanal	Artigianale
Cacau	Cacao
Calorias	Calorie
Caramelo	Caramello
Coco	Noce di Cocco
Comer	Mangiare
Delicioso	Delizioso
Doce	Dolce
Exótico	Esotico
Favorito	Preferito
Gosto	Gusto
Ingrediente	Ingrediente
Pó	Polvere
Qualidade	Qualità
Receita	Ricetta

Churrascos
Barbecue

Almoço	Pranzo
Convite	Invito
Crianças	Bambini
Facas	Coltelli
Família	Famiglia
Fome	Fame
Frango	Pollo
Fruta	Frutta
Grelha	Griglia
Jantar	Cena
Jogos	Giochi
Legumes	Verdure
Molho	Salsa
Música	Musica
Pimenta	Pepe
Quente	Caldo
Sal	Sale
Saladas	Insalate
Tomates	Pomodori
Verão	Estate

Cidade
Città

Aeroporto	Aeroporto
Banco	Banca
Biblioteca	Biblioteca
Cinema	Cinema
Escola	Scuola
Estádio	Stadio
Farmácia	Farmacia
Florista	Fiorista
Galeria	Galleria
Hotel	Hotel
Jardim Zoológico	Zoo
Livraria	Libreria
Mercado	Mercato
Museu	Museo
Padaria	Panetteria
Restaurante	Ristorante
Salão	Salone
Supermercado	Supermercato
Teatro	Teatro
Universidade	Università

Ciência
Scienza

Átomo	Atomo
Cientista	Scienziato
Clima	Clima
Dados	Dati
Evolução	Evoluzione
Fato	Fatto
Física	Fisica
Fóssil	Fossile
Gravidade	Gravità
Hipótese	Ipotesi
Laboratório	Laboratorio
Método	Metodo
Minerais	Minerali
Moléculas	Molecole
Natureza	Natura
Observação	Osservazione
Organismo	Organismo
Partículas	Particelle
Plantas	Piante
Químico	Chimico

Circo
Circo

Acrobata	Acrobata
Animais	Animali
Balões	Palloncini
Bilhete	Biglietto
Desfile	Parata
Doce	Caramella
Elefante	Elefante
Espectador	Spettatore
Espetacular	Spettacolare
Leão	Leone
Macaco	Scimmia
Magia	Magia
Malabarista	Giocoliere
Mágico	Mago
Música	Musica
Palhaço	Clown
Tenda	Tenda
Tigre	Tigre
Traje	Costume
Truque	Trucco

Clima
Meteo

Arco-Íris	Arcobaleno
Atmosfera	Atmosfera
Brisa	Brezza
Céu	Cielo
Clima	Clima
Furacão	Uragano
Gelo	Ghiaccio
Monção	Monsone
Nevoeiro	Nebbia
Nuvem	Nube
Polar	Polare
Relâmpago	Fulmine
Seca	Siccità
Seco	Asciutto
Temperatura	Temperatura
Tempestade	Tempesta
Tornado	Tornado
Tropical	Tropicale
Trovão	Tuono
Vento	Vento

Comida # 2
Cibo #2

Alcachofra	Carciofo
Amêndoa	Mandorla
Arroz	Riso
Banana	Banana
Beringela	Melanzana
Brócolis	Broccolo
Cereja	Ciliegia
Chocolate	Cioccolato
Cogumelo	Fungo
Frango	Pollo
Iogurte	Yogurt
Kiwi	Kiwi
Maçã	Mela
Ovo	Uovo
Peixe	Pesce
Presunto	Prosciutto
Queijo	Formaggio
Tomate	Pomodoro
Trigo	Grano
Uva	Uva

Comida #1
Cibo #1

Açúcar	Zucchero
Alho	Aglio
Amendoim	Arachidi
Atum	Tonno
Bolo	Torta
Canela	Cannella
Cebola	Cipolla
Cenoura	Carota
Cevada	Orzo
Damasco	Albicocca
Espinafre	Spinaci
Leite	Latte
Limão	Limone
Manjericão	Basilico
Morango	Fragola
Nabo	Rapa
Sal	Sale
Salada	Insalata
Sopa	Minestra
Suco	Succo

Conservação
Conservazione

Ambiental	Ambientale
Água	Acqua
Ciclo	Ciclo
Clima	Clima
Ecossistema	Ecosistema
Educação	Educazione
Habitat	Habitat
Natural	Naturale
Orgânico	Organico
Pesticida	Pesticida
Poluição	Inquinamento
Reciclar	Riciclare
Reduzir	Ridurre
Saúde	Salute
Sustentável	Sostenibile
Verde	Verde
Voluntário	Volontario

Cores
Colori

Amarelo	Giallo
Azul	Blu
Bege	Beige
Branco	Bianco
Carmesim	Cremisi
Ciano	Ciano
Cinza	Grigio
Fuchsia	Fucsia
Laranja	Arancia
Magenta	Magenta
Marrom	Marrone
Preto	Nero
Rosa	Rosa
Roxo	Viola
Sépia	Seppia
Verde	Verde
Vermelho	Rosso

Corpo Humano
Corpo Umano

Boca	Bocca
Cabeça	Testa
Cérebro	Cervello
Coração	Cuore
Cotovelo	Gomito
Dedo	Dito
Joelho	Ginocchio
Mandíbula	Mascella
Mão	Mano
Nariz	Naso
Olho	Occhio
Ombro	Spalla
Orelha	Orecchio
Pele	Pelle
Perna	Gamba
Pescoço	Collo
Queixo	Mento
Sangue	Sangue
Testa	Fronte
Tornozelo	Caviglia

Cozinha
Cucina

Avental	Grembiule
Chaleira	Bollitore
Colheres	Cucchiai
Comer	Mangiare
Concha	Mestolo
Cups	Tazze
Especiarias	Spezie
Esponja	Spugna
Facas	Coltelli
Forno	Forno
Freezer	Congelatore
Garfos	Forchette
Geladeira	Frigorifero
Grelha	Griglia
Guardanapo	Tovagliolo
Jar	Vaso
Jarro	Brocca
Pauzinhos	Bacchette
Receita	Ricetta
Tigela	Ciotola

Dança
Danza

Academia	Accademia
Alegre	Gioioso
Arte	Arte
Clássico	Classico
Coreografia	Coreografia
Corpo	Corpo
Cultura	Cultura
Cultural	Culturale
Emoção	Emozione
Ensaio	Prova
Expressivo	Espressivo
Graça	Grazia
Movimento	Movimento
Música	Musica
Parceiro	Compagno
Postura	Postura
Ritmo	Ritmo
Saltar	Salto
Tradicional	Tradizionale
Visual	Visivo

Dias e Meses
Giorni e Mesi

Abril	Aprile
Agosto	Agosto
Ano	Anno
Calendário	Calendario
Dezembro	Dicembre
Domingo	Domenica
Fevereiro	Febbraio
Janeiro	Gennaio
Julho	Luglio
Junho	Giugno
Mês	Mese
Novembro	Novembre
Outubro	Ottobre
Quinta-Feira	Giovedì
Sábado	Sabato
Segunda-Feira	Lunedì
Semana	Settimana
Setembro	Settembre
Sexta-Feira	Venerdì
Terça	Martedì

Dinossauros
Dinosauri

Asas	Ali
Carnívoro	Carnivoro
Cauda	Coda
Desaparecimento	Scomparsa
Enorme	Enorme
Espécies	Specie
Evolução	Evoluzione
Fósseis	Fossili
Grande	Grande
Herbívoro	Erbivoro
Mamute	Mammut
Onívoro	Onnivoro
Poderoso	Potente
Presa	Preda
Pré-Histórico	Preistorico
Raptor	Rapace
Réptil	Rettile
Tamanho	Taglia
Terra	Terra
Vicioso	Vizioso

Dirigindo
Guida

Acidente	Incidente
Caminhão	Camion
Carro	Auto
Combustível	Carburante
Cuidado	Attenzione
Estrada	Strada
Freios	Freni
Garagem	Garage
Gás	Gas
Licença	Licenza
Mapa	Mappa
Motocicleta	Moto
Motor	Motore
Pedestre	Pedonale
Perigo	Pericolo
Polícia	Polizia
Segurança	Sicurezza
Transporte	Trasporto
Tráfego	Traffico
Túnel	Tunnel

Disciplinas Científicas
Discipline Scientifiche

Anatomia	Anatomia
Arqueologia	Archeologia
Astronomia	Astronomia
Biologia	Biologia
Bioquímica	Biochimica
Botânica	Botanica
Cinesiologia	Kinesiologia
Ecologia	Ecologia
Fisiologia	Fisiologia
Geologia	Geologia
Imunologia	Immunologia
Linguística	Linguistica
Meteorologia	Meteorologia
Mineralogia	Mineralogia
Neurologia	Neurologia
Psicologia	Psicologia
Química	Chimica
Sociologia	Sociologia
Termodinâmica	Termodinamica
Zoologia	Zoologia

Ecologia
Ecologia

Clima	Clima
Comunidades	Comunità
Diversidade	Diversità
Fauna	Fauna
Flora	Flora
Global	Globale
Habitat	Habitat
Marinho	Marino
Montanhas	Montagne
Natural	Naturale
Natureza	Natura
Pântano	Palude
Plantas	Piante
Recursos	Risorse
Seca	Siccità
Sobrevivência	Sopravvivenza
Sustentável	Sostenibile
Variedade	Varietà
Vegetação	Vegetazione
Voluntários	Volontari

Edifícios
Edifici

Apartamento	Appartamento
Castelo	Castello
Celeiro	Fienile
Cinema	Cinema
Embaixada	Ambasciata
Escola	Scuola
Estádio	Stadio
Fazenda	Fattoria
Fábrica	Fabbrica
Garagem	Garage
Hospital	Ospedale
Hotel	Hotel
Laboratório	Laboratorio
Museu	Museo
Observatório	Osservatorio
Supermercado	Supermercato
Teatro	Teatro
Tenda	Tenda
Torre	Torre
Universidade	Università

Emoções
Emozioni

Alegria	Gioia
Amor	Amore
Animado	Eccitato
Bem-Aventurança	Beatitudine
Bondade	Gentilezza
Calmo	Calma
Conteúdo	Contenuto
Envergonhado	Imbarazzato
Grato	Grato
Medo	Paura
Paz	Pace
Raiva	Rabbia
Relaxado	Rilassato
Satisfeito	Soddisfatto
Simpatia	Simpatia
Ternura	Tenerezza
Tédio	Noia
Tranquilidade	Tranquillità
Tristeza	Tristezza

Escalada
Arrampicata

Altitude	Altitudine
Atmosfera	Atmosfera
Botas	Stivali
Caminhada	Escursioni
Capacete	Casco
Caverna	Grotta
Curiosidade	Curiosità
Desafios	Sfide
Especialista	Esperto
Estabilidade	Stabilità
Estreito	Stretto
Físico	Fisico
Força	Forza
Guias	Guide
Luvas	Guanti
Mapa	Mappa
Terreno	Terreno

Escola # 2
Scuola #2

Acadêmico	Accademico
Atividades	Attività
Biblioteca	Biblioteca
Calendário	Calendario
Ciência	Scienza
Computador	Computer
Dicionário	Dizionario
Educação	Educazione
Gramática	Grammatica
Jogos	Giochi
Lápis	Matita
Leitura	Lettura
Literatura	Letteratura
Livros	Libri
Matemática	Matematica
Mochila	Zaino
Papel	Carta
Professor	Insegnante
Suprimentos	Forniture
Tesoura	Forbici

Escola #1
Scuola #1

Alfabeto	Alfabeto
Almoço	Pranzo
Amigos	Amici
Aprender	Per Imparare
Biblioteca	Biblioteca
Cadeira	Sedia
Canetas	Penne
Exames	Esami
Lápis	Matita
Livros	Libri
Marcadores	Marcatori
Matemática	Matematica
Mesa	Scrivania
Números	Numeri
Papel	Carta
Pastas	Cartelle
Professor	Insegnante
Questionário	Quiz
Respostas	Risposte

Especiarias
Spezie

Açafrão	Zafferano
Alcaçuz	Liquirizia
Alho	Aglio
Amargo	Amaro
Anis	Anice
Azedo	Acido
Baunilha	Vaniglia
Canela	Cannella
Cardamomo	Cardamomo
Caril	Curry
Cebola	Cipolla
Coentro	Coriandolo
Cominho	Cumino
Doce	Dolce
Funcho	Finocchio
Gengibre	Zenzero
Noz-Moscada	Noce Moscata
Pimenta	Pepe
Sabor	Gusto
Sal	Sale

Esportes
Sport

Atleta	Atleta
Árbitro	Arbitro
Basquete	Basket
Beisebol	Baseball
Bicicleta	Bicicletta
Campeonato	Campionato
Equipe	Squadra
Estádio	Stadio
Ganhador	Vincitore
Ginásio	Palestra
Ginástica	Ginnastica
Golfe	Golf
Hóquei	Hockey
Jogador	Giocatore
Jogo	Gioco
Movimento	Movimento
Tênis	Tennis
Treinador	Allenatore

Exploração
Esplorazione

Animais	Animali
Aprender	Per Imparare
Atividade	Attività
Busca	Ricerca
Coragem	Coraggio
Culturas	Culture
Descoberta	Scoperta
Desconhecido	Sconosciuto
Espaço	Spazio
Exaustão	Esaurimento
Excitação	Eccitazione
Língua	Lingua
Novo	Nuovo
Perigos	Pericoli
Selvagem	Selvaggio
Terreno	Terreno
Viagem	Viaggio

Família
Famiglia

Antepassado	Antenato
Avó	Nonna
Criança	Bambino
Crianças	Bambini
Esposa	Moglie
Filha	Figlia
Infância	Infanzia
Irmã	Sorella
Irmão	Fratello
Marido	Marito
Materno	Materno
Mãe	Madre
Neto	Nipote
Pai	Padre
Paterno	Paterno
Primo	Cugino
Sobrinha	Nipote
Sobrinho	Nipote
Tia	Zia
Tio	Zio

Fazenda #1
Fattoria #1

Abelha	Ape
Agricultura	Agricoltura
Arroz	Riso
Água	Acqua
Bezerro	Vitello
Burro	Asino
Cabra	Capra
Campo	Campo
Cavalo	Cavallo
Cão	Cane
Cerca	Recinto
Corvo	Corvo
Feno	Fieno
Fertilizante	Fertilizzante
Frango	Pollo
Gato	Gatto
Mel	Miele
Porco	Maiale
Rebanho	Gregge
Vaca	Mucca

Fazenda #2
Fattoria #2

Agricultor	Agricoltore
Animais	Animali
Celeiro	Fienile
Cevada	Orzo
Colmeia	Alveare
Cordeiro	Agnello
Fruta	Frutta
Irrigação	Irrigazione
Leite	Latte
Lhama	Lama
Maduro	Maturo
Milho	Mais
Ovelha	Pecora
Pastor	Pastore
Pato	Anatra
Pomar	Frutteto
Prado	Prato
Trator	Trattore
Trigo	Grano
Vegetal	Verdura

Ferramentas de Cozinha
Strumenti di Cottura

Chaleira	Bollitore
Coador	Colino
Colher	Cucchiaio
Espátula	Spatola
Espremedor	Spremiagrumi
Faca	Coltello
Fogão	Stufa
Forno	Forno
Garfo	Forchetta
Geladeira	Frigorifero
Liquidificador	Frullatore
Ralador	Grattugia
Talheres	Posate
Tampa	Coperchio
Termômetro	Termometro
Tesoura	Forbici
Torradeira	Tostapane

Férias #2
Vacanze #2

Aeroporto	Aeroporto
Destino	Destinazione
Estrangeiro	Straniero
Feriado	Vacanza
Fotos	Foto
Hotel	Hotel
Ilha	Isola
Lazer	Tempo Libero
Mapa	Mappa
Mar	Mare
Montanhas	Montagne
Passaporte	Passaporto
Praia	Spiaggia
Reservas	Prenotazioni
Restaurante	Ristorante
Táxi	Taxi
Tenda	Tenda
Transporte	Trasporto
Viagem	Viaggio
Visto	Visto

Ficção Científica
Fantascienza

Atómico	Atomico
Cinema	Cinema
Distopia	Distopia
Explosão	Esplosione
Extremo	Estremo
Fantástico	Fantastico
Fogo	Fuoco
Futurista	Futuristico
Galáxia	Galassia
Ilusão	Illusione
Imaginário	Immaginario
Livros	Libri
Misterioso	Misterioso
Mundo	Mondo
Oráculo	Oracolo
Planeta	Pianeta
Realista	Realistico
Robôs	Robot
Tecnologia	Tecnologia
Utopia	Utopia

Flores
Fiori

Buquê	Mazzo
Calêndula	Calendula
Gardênia	Gardenia
Girassol	Girasole
Hibisco	Ibisco
Jasmim	Gelsomino
Lavanda	Lavanda
Lilás	Lilla
Lírio	Giglio
Magnólia	Magnolia
Margarida	Margherita
Narciso	Narciso
Orquídea	Orchidea
Papoula	Papavero
Peônia	Peonia
Pétala	Petalo
Plumeria	Plumeria
Rosa	Rosa
Trevo	Trifoglio
Tulipa	Tulipano

Floresta Tropical
Foresta Pluviale

Anfíbios	Anfibi
Botânico	Botanico
Clima	Clima
Comunidade	Comunità
Diversidade	Diversità
Espécies	Specie
Indígena	Indigeno
Insetos	Insetti
Mamíferos	Mammiferi
Musgo	Muschio
Natureza	Natura
Nuvens	Nuvole
Pássaros	Uccelli
Preservação	Preservazione
Refúgio	Rifugio
Respeito	Rispetto
Restauração	Restauro
Selva	Giungla
Sobrevivência	Sopravvivenza
Valioso	Prezioso

Formas
Forme

Arco	Arco
Canto	Angolo
Cilindro	Cilindro
Círculo	Cerchio
Cone	Cono
Cubo	Cubo
Curva	Curva
Elipse	Ellisse
Esfera	Sfera
Hipérbole	Iperbole
Lado	Lato
Linha	Linea
Oval	Ovale
Pirâmide	Piramide
Polígono	Poligono
Prisma	Prisma
Quadrado	Quadrato
Retângulo	Rettangolo
Triângulo	Triangolo

Frutas
Frutta

Abacate	Avocado
Abacaxi	Ananas
Amora	Mora
Baga	Bacca
Banana	Banana
Cereja	Ciliegia
Coco	Noce di Cocco
Damasco	Albicocca
Figo	Fico
Framboesa	Lampone
Kiwi	Kiwi
Laranja	Arancia
Limão	Limone
Maçã	Mela
Mamão	Papaia
Manga	Mango
Nectarina	Nettarina
Pera	Pera
Pêssego	Pesca
Uva	Uva

Gatos
Gatti

Brincalhão	Giocoso
Caçador	Cacciatore
Cauda	Coda
Curioso	Curioso
Dormir	Dormire
Engraçado	Divertente
Fio	Filo
Garra	Artiglio
Independente	Indipendente
Louco	Pazzo
Mouse	Topo
Pata	Zampa
Pele	Pelliccia
Personalidade	Personalità
Selvagem	Selvaggio
Tímido	Timido

Geografia
Geografia

Altitude	Altitudine
Atlas	Atlante
Cidade	Città
Continente	Continente
Hemisfério	Emisfero
Ilha	Isola
Latitude	Latitudine
Mapa	Mappa
Mar	Mare
Meridiano	Meridiano
Montanha	Montagna
Mundo	Mondo
Norte	Nord
Oceano	Oceano
Oeste	Ovest
País	Paese
Região	Regione
Rio	Fiume
Sul	Sud
Território	Territorio

Geologia
Geologia

Ácido	Acido
Camada	Strato
Caverna	Caverna
Cálcio	Calcio
Continente	Continente
Coral	Corallo
Cristais	Cristalli
Erosão	Erosione
Estalactite	Stalattite
Estalagmites	Stalagmiti
Fóssil	Fossile
Lava	Lava
Minerais	Minerali
Pedra	Pietra
Platô	Altopiano
Quartzo	Quarzo
Sal	Sale
Terremoto	Terremoto
Vulcão	Vulcano
Zona	Zona

Herbalismo
Erboristeria

Açafrão	Zafferano
Alecrim	Rosmarino
Alho	Aglio
Aromático	Aromatico
Benéfico	Benefico
Coentro	Coriandolo
Estragão	Dragoncello
Flor	Fiore
Funcho	Finocchio
Ingrediente	Ingrediente
Jardim	Giardino
Lavanda	Lavanda
Manjericão	Basilico
Manjerona	Maggiorana
Planta	Pianta
Qualidade	Qualità
Sabor	Gusto
Salsa	Prezzemolo
Tomilho	Timo
Verde	Verde

Insetos
Insetti

Abelha	Ape
Barata	Scarafaggio
Besouro	Coleottero
Borboleta	Farfalla
Cigarra	Cicala
Cupim	Termite
Formiga	Formica
Gafanhoto	Cavalletta
Joaninha	Coccinella
Larva	Larva
Libélula	Libellula
Louva-A-Deus	Mantide
Mariposa	Falena
Minhoca	Verme
Mosquito	Zanzara
Pulga	Pulce
Pulgão	Afide
Vespa	Vespa

Instrumentos Musicais
Strumenti Musicali

Bandolim	Mandolino
Banjo	Banjo
Clarinete	Clarinetto
Fagote	Fagotto
Flauta	Flauto
Gaita	Armonica
Gongo	Gong
Harpa	Arpa
Marimba	Marimba
Oboé	Oboe
Pandeiro	Tamburello
Percussão	Percussione
Piano	Pianoforte
Saxofone	Sassofono
Tambor	Tamburo
Trombone	Trombone
Trompete	Tromba
Violão	Chitarra
Violino	Violino
Violoncelo	Violoncello

Jardim
Giardino

Ancinho	Rastrello
Arbusto	Cespuglio
Árvore	Albero
Banco	Panca
Cerca	Recinto
Flor	Fiore
Garagem	Garage
Grama	Erba
Gramado	Prato
Jardim	Giardino
Lagoa	Stagno
Maca	Amaca
Mangueira	Tubo
Pá	Pala
Pomar	Frutteto
Solo	Suolo
Terraço	Terrazza
Trampolim	Trampolino
Varanda	Portico
Videira	Vite

Literatura
Letteratura

Analogia	Analogia
Análise	Analisi
Anedota	Aneddoto
Autor	Autore
Biografia	Biografia
Comparação	Confronto
Conclusão	Conclusione
Descrição	Descrizione
Diálogo	Dialogo
Estilo	Stile
Ficção	Finzione
Metáfora	Metafora
Narrador	Narratore
Opinião	Opinione
Poema	Poesia
Rima	Rima
Ritmo	Ritmo
Romance	Romanzo
Tema	Tema
Tragédia	Tragedia

Livros
Libri

Autor	Autore
Aventura	Avventura
Coleção	Collezione
Contexto	Contesto
Dualidade	Dualità
Escrito	Scritto
Épico	Epico
História	Storia
Histórico	Storico
Inventivo	Inventivo
Leitor	Lettore
Literário	Letterario
Narrador	Narratore
Página	Pagina
Personagem	Carattere
Poesia	Poesia
Relevante	Rilevante
Romance	Romanzo
Série	Serie
Trágico	Tragico

Mamíferos
Mammiferi

Baleia	Balena
Camelo	Cammello
Canguru	Canguro
Castor	Castoro
Cavalo	Cavallo
Cão	Cane
Coelho	Coniglio
Coiote	Coyote
Elefante	Elefante
Gato	Gatto
Girafa	Giraffa
Golfinho	Delfino
Gorila	Gorilla
Leão	Leone
Lobo	Lupo
Macaco	Scimmia
Ovelha	Pecora
Raposa	Volpe
Touro	Toro
Zebra	Zebra

Matemática
Matematica

Aritmética	Aritmetica
Ângulos	Angoli
Circunferência	Circonferenza
Decimal	Decimale
Diâmetro	Diametro
Equação	Equazione
Expoente	Esponente
Fração	Frazione
Geometria	Geometria
Números	Numeri
Paralelo	Parallelo
Perímetro	Perimetro
Polígono	Poligono
Quadrado	Quadrato
Raio	Raggio
Retângulo	Rettangolo
Simetria	Simmetria
Soma	Somma
Triângulo	Triangolo
Volume	Volume

Material de Arte
Forniture Artistiche

Acrílico	Acrilico
Apagador	Gomma
Aquarelas	Acquerelli
Argila	Argilla
Água	Acqua
Cadeira	Sedia
Carvão	Carbone
Cavalete	Cavalletto
Câmera	Telecamera
Cola	Colla
Cores	Colori
Criatividade	Creatività
Escovas	Spazzole
Lápis	Matite
Mesa	Tavolo
Óleo	Olio
Papel	Carta
Pastels	Pastelli
Tinta	Inchiostro
Tintas	Vernici

Medições
Misurazioni

Altura	Altezza
Byte	Byte
Centímetro	Centimetro
Comprimento	Lunghezza
Decimal	Decimale
Grama	Grammo
Grau	Grado
Largura	Larghezza
Litro	Litro
Massa	Massa
Metro	Metro
Minuto	Minuto
Onça	Oncia
Peso	Peso
Polegada	Pollice
Profundidade	Profondità
Quilograma	Chilogrammo
Quilômetro	Chilometro
Tonelada	Tonnellata
Volume	Volume

Meditação
Meditazione

Aceitação	Accettazione
Acordado	Sveglio
Atenção	Attenzione
Bondade	Gentilezza
Clareza	Chiarezza
Compaixão	Compassione
Emoções	Emozioni
Ensinamentos	Insegnamenti
Gratidão	Gratitudine
Mental	Mentale
Mente	Mente
Movimento	Movimento
Música	Musica
Natureza	Natura
Observação	Osservazione
Paz	Pace
Pensamentos	Pensieri
Perspectiva	Prospettiva
Postura	Postura
Silêncio	Silenzio

Mitologia
Mitologia

Arquétipo	Archetipo
Ciúmes	Gelosia
Comportamento	Comportamento
Criação	Creazione
Criatura	Creatura
Cultura	Cultura
Desastre	Disastro
Força	Forza
Guerreiro	Guerriero
Heroína	Eroina
Herói	Eroe
Imortalidade	Immortalità
Labirinto	Labirinto
Lenda	Leggenda
Mágico	Magico
Monstro	Mostro
Mortal	Mortale
Relâmpago	Fulmine
Trovão	Tuono
Vingança	Vendetta

Natureza
Natura

Abelhas	Api
Abrigo	Rifugio
Animais	Animali
Ártico	Artico
Beleza	Bellezza
Deserto	Deserto
Dinâmico	Dinamico
Erosão	Erosione
Floresta	Foresta
Folhagem	Fogliame
Geleira	Ghiacciaio
Montanhas	Montagne
Nevoeiro	Nebbia
Nuvens	Nuvole
Rio	Fiume
Santuário	Santuario
Selvagem	Selvaggio
Sereno	Sereno
Tropical	Tropicale
Vital	Vitale

Nutrição
Nutrizione

Amargo	Amaro
Apetite	Appetito
Calorias	Calorie
Carboidratos	Carboidrati
Comestível	Commestibile
Dieta	Dieta
Digestão	Digestione
Equilibrado	Bilanciato
Fermentação	Fermentazione
Líquidos	Liquidi
Molho	Salsa
Nutriente	Nutriente
Peso	Peso
Proteínas	Proteine
Qualidade	Qualità
Sabor	Gusto
Saudável	Sano
Saúde	Salute
Toxina	Tossina
Vitamina	Vitamina

Números
Numeri

Cinco	Cinque
Decimal	Decimale
Dez	Dieci
Dezesseis	Sedici
Dezessete	Diciassette
Dezoito	Diciotto
Dois	Due
Doze	Dodici
Nove	Nove
Oito	Otto
Quatorze	Quattordici
Quatro	Quattro
Quinze	Quindici
Seis	Sei
Sete	Sette
Treze	Tredici
Três	Tre
Um	Uno
Vinte	Venti
Zero	Zero

Oceano
Oceano

Alga	Alghe
Atum	Tonno
Baleia	Balena
Barco	Barca
Camarão	Gamberetto
Caranguejo	Granchio
Coral	Corallo
Enguia	Anguilla
Esponja	Spugna
Golfinho	Delfino
Marés	Maree
Medusa	Medusa
Ostra	Ostrica
Peixe	Pesce
Polvo	Polpo
Recife	Scogliera
Sal	Sale
Tartaruga	Tartaruga
Tempestade	Tempesta
Tubarão	Squalo

Paisagens
Paesaggi

Cascata	Cascata
Caverna	Grotta
Colina	Collina
Deserto	Deserto
Geleira	Ghiacciaio
Golfo	Golfo
Iceberg	Iceberg
Ilha	Isola
Lago	Lago
Mar	Mare
Montanha	Montagna
Oásis	Oasi
Oceano	Oceano
Pântano	Palude
Península	Penisola
Praia	Spiaggia
Rio	Fiume
Tundra	Tundra
Vale	Valle
Vulcão	Vulcano

Países #2
Paesi #2

Albânia	Albania
Dinamarca	Danimarca
França	Francia
Grécia	Grecia
Haiti	Haiti
Indonésia	Indonesia
Irlanda	Irlanda
Jamaica	Giamaica
Japão	Giappone
Laos	Laos
Líbano	Libano
México	Messico
Nepal	Nepal
Nigéria	Nigeria
Paquistão	Pakistan
Rússia	Russia
Síria	Siria
Somália	Somalia
Ucrânia	Ucraina
Uganda	Uganda

Pássaros
Uccelli

Avestruz	Struzzo
Águia	Aquila
Canário	Canarino
Cegonha	Cicogna
Cisne	Cigno
Cuco	Cuculo
Flamingo	Fenicottero
Frango	Pollo
Gaivota	Gabbiano
Ganso	Oca
Garça	Airone
Ovo	Uovo
Papagaio	Pappagallo
Pardal	Passero
Pato	Anatra
Pavão	Pavone
Pelicano	Pellicano
Pinguim	Pinguino
Pombo	Piccione
Tucano	Tucano

Pesca
Pesca

Água	Acqua
Barbatanas	Pinne
Barco	Barca
Brânquias	Branchie
Cesta	Cesto
Cozinhar	Cucinare
Equipamento	Attrezzatura
Exagero	Esagerazione
Fio	Filo
Gancho	Gancio
Isca	Esca
Lago	Lago
Mandíbula	Mascella
Oceano	Oceano
Paciência	Pazienza
Peso	Peso
Praia	Spiaggia
Rio	Fiume
Temporada	Stagione

Piratas
Pirati

Aventura	Avventura
Âncora	Ancora
Bússola	Bussola
Capitão	Capitano
Caverna	Grotta
Cicatriz	Cicatrice
Espada	Spada
Ilha	Isola
Lenda	Leggenda
Mapa	Mappa
Mau	Cattivo
Moedas	Monete
Oceano	Oceano
Ouro	Oro
Papagaio	Pappagallo
Perigo	Pericolo
Praia	Spiaggia
Rum	Rum
Tesouro	Tesoro
Tripulação	Equipaggio

Plantas
Piante

Arbusto	Cespuglio
Árvore	Albero
Baga	Bacca
Bambu	Bambù
Botânica	Botanica
Cacto	Cactus
Erva	Erba
Feijão	Fagiolo
Fertilizante	Fertilizzante
Flor	Fiore
Flora	Flora
Floresta	Foresta
Folha	Foglia
Folhagem	Fogliame
Hera	Edera
Jardim	Giardino
Musgo	Muschio
Pétala	Petalo
Raiz	Radice
Vegetação	Vegetazione

Praia
Spiaggia

Areia	Sabbia
Azul	Blu
Barco	Barca
Caranguejo	Granchio
Costa	Costa
Doca	Dock
Guarda-Chuva	Ombrello
Ilha	Isola
Lagoa	Laguna
Mar	Mare
Oceano	Oceano
Recife	Scogliera
Sandálias	Sandali
Sol	Sole
Toalha	Asciugamano
Veleiro	Barca a Vela

Preencher
Riempire

Bacia	Bacino
Balde	Secchio
Bandeja	Vassoio
Barril	Barile
Bolso	Tasca
Caixa	Scatola
Cesta	Cesto
Envelope	Busta
Garrafa	Bottiglia
Gaveta	Cassetto
Mala	Valigia
Navio	Nave
Pacote	Pacchetto
Pasta	Cartella
Saco	Borsa
Tubo	Tubo
Vaso	Vaso

Profissões #1
Professioni #1

Advogado	Avvocato
Artista	Artista
Astrônomo	Astronomo
Banqueiro	Banchiere
Bombeiro	Pompiere
Caçador	Cacciatore
Cartógrafo	Cartografo
Cientista	Scienziato
Dançarino	Ballerino
Editor	Editore
Embaixador	Ambasciatore
Encanador	Idraulico
Enfermeira	Infermiera
Geólogo	Geologo
Joalheiro	Gioielliere
Marinheiro	Marinaio
Músico	Musicista
Pianista	Pianista
Psicólogo	Psicologo
Veterinário	Veterinario

Profissões #2
Professioni #2

Agricultor	Agricoltore
Astronauta	Astronauta
Bibliotecário	Bibliotecario
Biólogo	Biologo
Cirurgião	Chirurgo
Dentista	Dentista
Engenheiro	Ingegnere
Filósofo	Filosofo
Fotógrafo	Fotografo
Ilustrador	Illustratore
Inventor	Inventore
Investigador	Ricercatore
Jardineiro	Giardiniere
Jornalista	Giornalista
Linguista	Linguista
Médico	Medico
Piloto	Pilota
Pintor	Pittore
Professor	Insegnante
Zoólogo	Zoologo

Restaurante # 2
Ristorante #2

Almoço	Pranzo
Aperitivo	Aperitivo
Água	Acqua
Bebida	Bevanda
Bolo	Torta
Cadeira	Sedia
Colher	Cucchiaio
Delicioso	Delizioso
Especiarias	Spezie
Fruta	Frutta
Garçom	Cameriere
Garfo	Forchetta
Gelo	Ghiaccio
Jantar	Cena
Legumes	Verdure
Ovo	Uova
Peixe	Pesce
Sal	Sale
Salada	Insalata
Sopa	Minestra

Restaurante #1
Ristorante #1

Alergia	Allergia
Café	Caffè
Caixa	Cassiere
Carne	Carne
Comer	Mangiare
Cozinha	Cucina
Faca	Coltello
Frango	Pollo
Garçonete	Cameriera
Guardanapo	Tovagliolo
Ingredientes	Ingredienti
Menu	Menù
Molho	Salsa
Pão	Pane
Picante	Piccante
Placa	Piatto
Reserva	Prenotazione
Sobremesa	Dessert
Tigela	Ciotola

Roupas
Vestiti

Avental	Grembiule
Blusa	Camicetta
Calça	Pantaloni
Camisa	Camicia
Casaco	Cappotto
Chapéu	Cappello
Cinto	Cintura
Colar	Collana
Jaqueta	Giacca
Jeans	Jeans
Luvas	Guanti
Meias	Calzini
Moda	Moda
Pijama	Pigiama
Pulseira	Braccialetto
Saia	Gonna
Sandálias	Sandali
Sapato	Scarpa
Suéter	Maglione
Vestido	Abito

Sons
Suoni

Alto	Forte
Apito	Fischio
Aplaudir	Applaudire
Concerto	Concerto
Coro	Coro
Eco	Eco
Gemer	Gemito
Repetitivo	Ripetitivo
Ressonante	Risonante
Riso	Risata
Ruidoso	Rumoroso
Sino	Campana
Sirenes	Sirene
Sussurrar	Sussurro
Tosse	Tosse
Vibração	Vibrazione
Vozes	Voci

Tecnologia
Tecnologia

Arquivo	File
Blog	Blog
Bytes	Byte
Câmera	Telecamera
Computador	Computer
Cursor	Cursore
Dados	Dati
Digital	Digitale
Estatísticas	Statistiche
Fonte	Font
Internet	Internet
Mensagem	Messaggio
Navegador	Browser
Pesquisa	Ricerca
Segurança	Sicurezza
Software	Software
Tela	Schermo
Virtual	Virtuale
Vírus	Virus

Tempo
Tempo

Ano	Anno
Antes	Prima
Anual	Annuale
Calendário	Calendario
Década	Decennio
Dia	Giorno
Futuro	Futuro
Hoje	Oggi
Hora	Ora
Manhã	Mattina
Meio-Dia	Mezzogiorno
Mês	Mese
Minuto	Minuto
Momento	Momento
Noite	Notte
Ontem	Ieri
Passado	Passato
Relógio	Orologio
Semana	Settimana
Século	Secolo

Tipos de Cabelo
Tipi di Capelli

Branco	Bianco
Brilhante	Lucido
Cachos	Riccioli
Careca	Calvo
Cinza	Grigio
Colori	Colorato
Encaracolado	Riccio
Fino	Sottile
Grosso	Spessore
Loiro	Biondo
Longo	Lungo
Marrom	Marrone
Ondulado	Ondulato
Prata	Argento
Preto	Nero
Saudável	Sano
Seco	Asciutto
Suave	Morbido
Trançado	Intrecciato
Tranças	Trecce

Vegetais
Verdure

Abóbora	Zucca
Aipo	Sedano
Alcachofra	Carciofo
Alho	Aglio
Batata	Patata
Beringela	Melanzana
Brócolis	Broccolo
Cebola	Cipolla
Cenoura	Carota
Chalota	Scalogno
Cogumelo	Fungo
Ervilha	Pisello
Espinafre	Spinaci
Gengibre	Zenzero
Nabo	Rapa
Pepino	Cetriolo
Rabanete	Ravanello
Salada	Insalata
Salsa	Prezzemolo
Tomate	Pomodoro

Veículos
Veicoli

Ambulância	Ambulanza
Avião	Aereo
Balsa	Traghetto
Barco	Barca
Bicicleta	Bicicletta
Caminhão	Camion
Caravana	Caravan
Carro	Auto
Foguete	Razzo
Helicóptero	Elicottero
Jangada	Zattera
Lambreta	Scooter
Metrô	Metropolitana
Motor	Motore
Ônibus	Autobus
Pneus	Pneumatici
Submarino	Sottomarino
Táxi	Taxi
Transporte	Navetta
Trator	Trattore

Verão
Estate

Acampamento	Campeggio
Alegria	Gioia
Amigos	Amici
Casa	Casa
Estrelas	Stelle
Família	Famiglia
Jardim	Giardino
Jogos	Giochi
Lazer	Tempo Libero
Livros	Libri
Mar	Mare
Mergulho	Immersione
Música	Musica
Praia	Spiaggia
Relaxamento	Rilassamento
Sandálias	Sandali
Viagem	Viaggio

Virtudes #1
Virtù #1

Apaixonado	Appassionato
Artístico	Artistico
Bom	Buono
Curioso	Curioso
Decisivo	Decisivo
Eficiente	Efficiente
Encantador	Affascinante
Engraçado	Divertente
Generoso	Generoso
Independente	Indipendente
Inteligente	Intelligente
Limpo	Pulito
Modesto	Modesto
Paciente	Paziente
Prático	Pratico
Sábio	Saggio
Útil	Utile

Xadrez
Scacchi

Aprender	Per Imparare
Branco	Bianco
Campeão	Campione
Concurso	Concorso
Desafios	Sfide
Diagonal	Diagonale
Estratégia	Strategia
Jogador	Giocatore
Jogo	Gioco
Oponente	Avversario
Passivo	Passivo
Pontos	Punti
Preto	Nero
Rainha	Regina
Regras	Regole
Rei	Re
Sacrifício	Sacrificio
Tempo	Tempo
Torneio	Torneo

Parabéns

Conseguiu!

Esperamos que tenha gostado tanto deste livro como nós gostamos de o desenhar. Esforçamo-nos por criar livros da mais alta qualidade possível.
Esta edição foi concebida para proporcionar uma aprendizagem inteligente, de qualidade e divertida!

Gostou deste livro?

Um simples pedido

Estes livros existem graças às críticas que publica.
Pode ajudar-nos, deixando agora uma revisão?

Aqui está um pequeno link para
a sua página de revisão:

BestBooksActivity.com/Avaliacoes50

DESAFIO FINAL!

Desafio n° 1

Está pronto para o seu jogo grátis? Usamo-los a toda a hora, mas não são tão fáceis de encontrar - aqui estão os **Sinônimos!**

Escreva 5 palavras que encontrou nos puzzles (n° 21, n° 36, n° 76) e tente encontrar 2 sinónimos para cada palavra.

Escreva 5 palavras de **Puzzle 21**

Palavras	Sinônimo 1	Sinônimo 2

Escreva 5 palavras de **Puzzle 36**

Palavras	Sinônimo 1	Sinônimo 2

Escreva 5 palavras de **Puzzle 76**

Palavras	Sinônimo 1	Sinônimo 2

Desafio n° 2

Agora que já aqueceu, escreva 5 palavras que encontrou nos Puzzles (n° 9, n° 17 e n° 25) e tente encontrar 2 antônimos para cada palavra. Quantos se podem encontrar em 20 minutos?

Escreva 5 palavras de **Puzzle 9**

Palavras	Antônimo 1	Antônimo 2

Escreva 5 palavras de **Puzzle 17**

Palavras	Antônimo 1	Antônimo 2

Escreva 5 palavras de **Puzzle 25**

Palavras	Antônimo 1	Antônimo 2

Desafio n° 3

Óptimo! Este desafio final   não é nada para si.

Pronto para o desafio final? Escolha 10 palavras que tenha descoberto nos diferentes puzzles e escreva-as abaixo.

1.	6.
2.	7.
3.	8.
4.	9.
5.	10.

Agora escreva um texto a pensar numa pessoa, num animal ou num lugar de seu agrado.

Pode utilizar a última página deste livro como um rascunho.

A Sua Composição:

CADERNO DE NOTAS:

ATÉ BREVE!

A equipa Inteira

DESCUBRA JOGOS GRATUITOS

GO

↓

BESTACTIVITYBOOKS.COM/FREEGAMES